悟道

向王阳明学习
成为一个很厉害的人

赵晓军◎著

广东旅游出版社
GUANGDONG TRAVEL & TOURISM PRESS
悦读书·悦旅行·悦享人生

中国·广州

图书在版编目（CIP）数据

悟道：向王阳明学习成为一个很厉害的人 / 赵晓军著. — 广州：
广东旅游出版社，2018.6（2024.8重印）

ISBN 978-7-5570-1380-6

Ⅰ.①悟… Ⅱ.①赵… Ⅲ.①王守仁（1472-1528）- 哲学思想
- 研究 Ⅳ.①B248.25

中国版本图书馆CIP数据核字（2018）第127569号

悟道：向王阳明学习成为一个很厉害的人

WU DAO : XIANG WANG YANG MING XUE XI CHENG WEI YI GE HEN LI HAI DE REN

出 版 人　刘志松
责任编辑　李　丽
责任技编　冼志良
责任校对　李瑞苑

广东旅游出版社出版发行

地　　址　广东省广州市荔湾区沙面北街71号首、二层
邮　　编　510130
电　　话　020-87347732（总编室）　020-87348887（销售热线）
投稿邮箱　2026542779@qq.com
印　　刷　三河市腾飞印务有限公司
　　　　　　（地址：三河市黄土庄镇小石庄村）
开　　本　710毫米×1000毫米 1/16
印　　张　15
字　　数　186千
版　　次　2018年6月第1版
印　　次　2024年8月第2次印刷
定　　价　65.00元

前言

◎

王阳明的三句话、十个字

王守仁（1472—1529年），浙江余姚人，字伯安，号阳明子，世称阳明先生，后人多称他王阳明。

自唐朝以来，打破门户之见，兼学儒、佛、道三家而卓有成就者很多，但融众美于一炉、自成一家而为"教主"者不多，能将学问转化为能量、应用于实践而成就大事者少之又少，王阳明是其中难得的一位。他因此被誉为中国历史上罕见的"全能大儒"，《明史》赞曰："终明之世，文臣用兵制胜，未有如阳明者"；而清代学者则公认他"为明第一流人物，立德、立功、立言，皆居绝顶"。

王阳明的主要政绩，在于他实践了儒家的"德治"的理念，让"礼教"渗透到民间，以淳化民心，美化风俗；王阳明的主要军功，一是平定了南赣为患数十年的"山贼"，二是剿灭了宁王朱宸濠叛乱，三是平息了两广及湖南少数民族的暴乱。不过，推行治道，任何一个优秀官员都可能办到；临阵胜敌，任何一个优秀将领都可能办到，王阳明对中国、对人类最大的贡献在思想方面，他继承宋代大儒陆九渊的

"心学"，以自己的体悟加以完善，形成了独具一格的"心学"体系，当时，朱熹和二程"理学"已在学术思想和意识形态方面取得垄断地位，明清都规定：科举考试不得超越朱熹的注解，思想控制日趋严重，而王阳明的"心学"成为对抗"理学"、打破思想禁锢的一股最大力量。

王阳明的"心学"虽然一度被定为"伪学"而禁止流传，解禁后也一直受到理学挤压，但仍广为传播，对中国、日本、朝鲜半岛以及东南亚国家乃至全球都有重要而深远的影响。大清第一名臣曾国藩评曰："王阳明矫正旧风气，开出新风气，功不在禹下。"与曾国藩齐名的左宗棠也评价说："阳明先生，其事功，其志业，卓然一代伟人，断非寻常儒者所能几及。"哈佛大学教授杜维明则说："五百年来在东亚，儒家思想的源头活水就在王阳明。"

王阳明推崇"简实"，他的"心学体系"并不复杂，三句话、十个字即可全部概括：

第一句话：心即理。

几千年前，人们就知道，天地万物间，存在着某种不以人的意志为转移的神秘力量，有人谓之"神"，有人谓之"道"，有人谓之"天理"，有人谓之"自然规律"，愚者"拜神"，智者"求道"，学者研究"天理"，及至用科学手段探寻规律，那种神秘力量已经不再神秘。但规律隐含于万事万物中，探寻谈何容易！王阳明走唯心主义路线，提出"心即理"的观点：规律只在你心，你心即是天理，无须外寻，只需内求。

在"心即理"之下，王阳明进而认为，"心外无物"，他曾以看花为喻：你未看此花时，此花与汝心同归于寂。你来看此花时，此花颜色一时明白起来。便知此花不在你的心外。此一说法似乎不能证明

"心外无物"，按佛家的观点，心本空寂，"物来则应，物去不留"，不看花则无，看花则有，恰好证明心外有物。

但是，正如孔子所说："书不尽言，言不尽意。"没有什么语言可以准确表达悟者的内心体验。"心即理"或"心外无物"，不是知识，难以理求，王阳明究竟想表达什么呢？那只能自己去悟。有一点可以肯定：你看见的世界，不是那个真实的世界，只是你心所能感受、理解的那部分世界；你看见的人，不是那个真实的人，只是你心所能感知、想象的那个不完全的人；你看见的事物，不是那个真实的事物，只是你能探寻、发现的那个残缺的事物。真实的世界、世人、世事也许十分美好，但你心若失去了感知美好的那部分功能，你看见的就不是美好，一切都会被你的心染上颜色。常人以"眼见为实"，悟者曾经切身体验到，眼前的同一世界，在一刹那间，竟然显现两种截然不同的景象，天堂、地狱、仙境、凡间，判然有别，于是顿悟一切外物皆"如梦幻泡影，如露亦如电"，顿悟"即心即佛"或"心即理""心外无物"。

所以，千万不要从言论上理解悟者的话，他们告诉你的并不是某个道理，而是一种真实体验，一条通向觉悟的路径。你或者顺道前行，或者望而却步，都可算是明智选择。至于指点论述，说是论非，说好道歹，都是没有意义的。

第二句话：致良知。

王阳明认为，个个人心有仲尼——每个人心里都有一个圣人，都心如明镜，智慧通神，那个圣人就是你的"良知"。"夫妇之与知与能，亦圣人之所知所能。圣人之所不知不能，亦夫妇之所不知不能"，你心里的良知不比孔子、老子、孟子、释迦牟尼少一点，也不比他们多一点。不同的是，他们让自己的良知纤毫不染，而你的良知却被掩埋在贪、嗔、痴积聚的心尘中，偶尔才露峥嵘。佛家云：佛是已悟的凡人，凡人是未悟的佛。区别只在于良知是否蒙尘。你若勤于修炼，拂扫心尘，保持一心清净，你就是圣人。

成为圣人有什么好处呢？你将慧眼大开，看世界是美好的，看世人是美好的，看世事是美好的，于是，你也明白了什么是真正的幸福，烦恼、痛苦将远离你而去，事在逆境，心有菩提；身处陋室，如居天堂。

但是，按佛家的观点，求一己幸福，只是小乘道，普度众生，才是大乘道；按儒家的观点，"修己以安人"，才是无上正道；按道家的观点，"圣人无常心，以百姓心为心"，离了众人，无所谓圣人。王阳明以"良知"接"天理"，继承的仍是孔、老、释氏的"大道"，提倡将"小我"的幸福融于"大我"的幸福中，因为"天地有好生之德"，人岂能不积极表达真诚的善良？

第三句话：知行合一。

王阳明认为，知者行之始，行者知之成：圣学只一个功夫，知行不可分作两事。知和行只是一件事，知而不能行，等于无知；行而不求知，等于无行。

王阳明反对"悬空口耳讲说"，他甚至认为，"无有不行而可以言学者"，学习不能离开实践，离开实践就谈不上为学。若按他的观点，那些一辈子钻在书堆中、从未办过实事的学者、教授，大概只能算"半文盲"，因为他们还没有真正开始"为学"呢！

俗话说：不经一事，不长一智。

俗话又说：一处不到一处迷。

　　学习可以继承前人的知识，但真正的智慧只能在实践中感悟，而且，"实践是检验真理的唯一标准"，李逵，李鬼，拼一拼板斧，便知谁假；真假孙悟空，痛到切身处，便知谁真；真知和伪学，也要在实践中辨明真伪。

　　可以说，学王阳明，学到一个"知行合一"，便可受用一生！

目 录

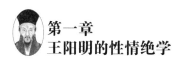

第一章
王阳明的性情绝学

做人做到道貌岸然，藏头缩尾，虚言应世，那是白活了！做到"此心光明"、坦诚直率、任其性情，却又被人喜欢、尊敬，那才不枉了一世为人。

第二章
王阳明的工夫绝学

做工夫做到聪明伶俐，随流性转，圆滑接物，像小老鼠一样见危则避、见利则趋，那就把工夫做小了。心有准则，不动如山，知行合一，内圣外王，是真工夫。

第三章
王阳明的学问绝学

做学问如果只是装了一脑门子知识，口讲言说，于身心上无所滋养，那好比摆书摊、卖旧书，能有几分进益？做学问而能润泽心灵、美化言行，是真学问。

第四章
王阳明的境界绝学

一人一境界，那是人们真正能享有的，名利权势只是假象，小人享受不到君子美妙的内心体验，凡人无法领略圣贤的"极乐世界"，除非你提升自己的境界。

第五章
王阳明的为官绝学

王阳明不是政客，不会长袖善舞以经营权势，但他是一个好官，懂得如何用良知、智慧经营一方福利，修己以安人，也懂得如何在混浊的官场保德全身。

第六章
王阳明的交友绝学

有人说："人生难得一知己。"王阳明从无此叹，他的朋友故旧满天下，高人雅士，贫人粗客，无所不交。无论穷窘还是显达，从无孤寂之苦。他是如何做的呢？

第七章
王阳明的做事绝学

　　古人说："工夫在诗外。"工夫也在胜负外。王阳明说，人的智能相差不远，胜负的归属，不必等到临战才知道，早就由双方所做工夫而决定。而最大的工夫是：不动心。此外，王阳明还认为，做学问和做事，不是两件事，只是一件事。他做事有三大要点：顺其情，因其势，趁其机。知此要点，无事不可办，无事不可成。

做人做到道貌岸然，藏头缩尾，虚言应世，那是白活了！做到"此心光明"，坦诚直率，任其性情，却又被人喜欢、尊敬，那才不枉了一世为人。

第一章
王阳明的性情绝学

人人都有圣人潜质

【王阳明语录】

夫妇之与知与能，亦圣人之所知所能。圣人之所不知不能，亦夫妇之所不知不能。——《知行录》

【语录精解】

普通男女所具备的良知良能，也是圣人所拥有的良知良能；圣人所不具备的良知良能，也是普通男女所没有的良知良能。

王阳明一生的学问，最后可以归结为三个字：致良知。

所谓"良知"，是一种天赋的道德观念。《孟子·尽心上》云："人之所不学而能者，其良能也；所不虑而知者，其良知也。"王阳明上承孟子，认为良知是一种生而知之、"不假外求"的优良智能，他还将良知、良能视为一事，并丰富了"良知"的概念，他说，良知只是个是非之心、良知即是道、良知即是天理。这种说法，将儒家对"性"的定义提升到了"道"的高度，显然借鉴了佛家的佛性即佛道的观点。

王阳明从"良知即是天理"出发，进而认为，圣人无所不知，只是知个天理；无所不能，只是能个天理。以此推之，能"致良知"者，就是圣人了。

简单地说，所谓"良知"，即是一颗自发的善心，一颗爱人爱己、助人自助的心；所谓"致良知"，即让本有之善自然发散出来，变成"修己安人"的美好行动。借用西方哲人马斯洛的观点，人人都有五种需求：生理需求，安全需求，社交需求，尊重需求，自我实现需求。

你自食其力，用心呵护自己，尽量不做伤害名誉和身体的事，努力追求事业的成长，就是自爱了！推己及人，尽量满足他人的五种需求，就是爱人了！比如说，给饥寒交迫的灾民提供食物、衣物，这是满足他人的生理需求；救助生命受到威胁的人，这是满足他人的安全需求；热情待人、谦虚礼貌，这是满足他人的社交与尊重需求；在学业或事业上给予他人提携与帮助，这是满足他人自我实现的需求。当然，无论助人或助己，都要建立在一定规则之上，用合乎法律和道德的方式行事。这是很简单的道理。

爱人和爱己原是一件事，如果分成了两件事，爱己便不能爱人，爱人便不能爱己，离良知就远了！只要一心一意善待自己、善待他人，即是"致良知"，人性的光辉散发天地间，自然可以与圣贤比肩。

王阳明继承了佛家"人人皆有佛性"和宋儒"人皆可以为尧舜"的观点，认为每个人都具备圣人的潜质，因为人人都有良知，普通人不比圣人少一点，圣人不比普通人多一点。所以，每一个普通人都有成为圣贤的可能。

对于王阳明的良知说，许多人起初并不信服，试想，圣人和普通人，普通人和恶人，天差地别，怎么可能拥有一样多的良知呢？据说有一次，有人在半夜里捉到一个小偷，便把王阳明请去，问他：你看小偷有良知吗？

王阳明并不辩解，让小偷脱去外衣，小偷照办了；又让小偷脱掉内衣，小偷也照办了。再让小偷脱掉内裤，小偷一脸惶恐地说："这恐怕不妥吧！"

于是，王阳明对大家说："羞耻之心，人皆有之，这便是小偷的良知。"

这个小偷做了"不要脸"的事，但他并非真的"不要脸"，孟子说"羞恶之心，义之端也"，这个小偷有羞恶心，自然具备了义行的基础。小偷如此，普通人不更是如此吗？

但是，在行为表现上，圣人和普通人、善人和恶人确实有很大的差距，这是为什么呢？因为圣人的"良知"像新鲜出炉的纯金一样散发着异彩，而普通人的"良知"则程度不同地被贪欲的尘埃所蒙蔽。只要拨开尘埃，便见圣贤。

可能性不等于必然性，虽然每个人都有成为圣贤的可能，但最终超凡杰出者寥寥，大部分人都变成了乏善可陈的庸人，临到开追悼会时还要让主持人挠头，不知道哪件事可以拿出来讲一讲。原因在于，人们往往随顺惰性，懒于进修，轻率地对待自己的人生。有一首名叫《小草》的歌唱道："没有花香，没有树高，我是一棵无人知道的小草；从不寂寞，从不烦恼，我的伙伴遍及天涯海角……"这首歌唱出了许多人的一般心态：对自己没有太高的要求，满足于平庸的状态，只求轻轻松松地享受生活，不想辛辛苦苦地实现自我。

不是说小草没有价值，但世界确实需要大树，"森林覆盖率"不是衡量一个国家或地区环境状况的重要指标吗？同样，平庸也是一种活法，但社会的进步确实需要更多乐意开发良知、追求卓越的人，如果一个国家的人民普遍安于平庸，就要落后到挨打的地步了！

按王阳明的观点，每个人都是一颗优良的种子，都有成为参天大树的可能，也有自我成长的意愿，最终大树不多而小草"遍及天涯海角"的原因，在于太多人没有让良知生根发芽，有的人自我成长的动力不足，仅仅努力到做"白日梦"为止；有的人受限于环境，不敢运用良知良能，甚至害怕杰出、讳谈高尚，以浅薄为修饰，以低俗为时尚。

假设一个人真的安于庸俗的生活，倒也不失为快乐的人生。但实际情形并非如此，人们内心的良知时时涌动，却不能变成行动和成果，带来的往往是遗憾和不满足。

法国著名牧师纳德·兰塞姆曾断言：假如时光可以倒流，世界上将有一半的人可以成为伟人。

纳德·兰塞姆一生曾接受上万人的临终忏悔，每个人的忏悔都让他感慨万千。例如，一位 70 岁的布店老板临终前忏悔说：他年轻时喜欢音乐，曾经和著名音乐家卡拉扬一起学吹小号。他当时的成绩远

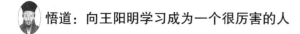

在卡拉扬之上，老师也非常看好他的前程。遗憾的是，20岁时，他迷上了赛马，从此告别了音乐，否则他一定可以成为一位出色的音乐家。反思一生碌碌无为，他感到非常遗憾。他告诉牧师，到另一个世界后，如果可以再一次作出选择，他绝不会再干这种傻事……

人们的遗憾不尽相同，但有一个普遍特点：迷失在人生的十字路口。假如世上有"后悔药"，那就是回到从前，再次面对那一个个选择机会。

跟王阳明学绝学：你想成为"小草"还是"大树"？或者说，你打算尽量开发良知，还是随意将它掩埋？这就是人生的一个十字路口，也是最重要的一个十字路口。你或者走圣贤之路，或者随大流，往平庸的道路上走。走路本身不一定有多大差别，无论圣贤的活法，还是庸人的活法，都不容易，也不太难。往哪个方向行走，决定了命运的流转。

轻轻松松做减法

【王阳明语录】

吾辈用功只求日减，不求日增。减得一分人欲，便是复得一分天理；何等轻快脱洒！何等简易！——《知行录》

【语录精解】

我们这些人做工夫，只求每日减少，不求每日增加。减去一分物欲，便领悟了一分天理，这是何等轻松洒脱的事！这是何等简单易行的方法！

王阳明是一个不囿于门户之见的儒学大师，他的哲学思想以儒学为基，兼收佛、道二学，自成一家。所谓"只求日减，不求日增。减得一分人欲，便是复得一分天理"，上承老子《道德经》的"为学日益，为道日损，损之又损，以至于无为"。做学问应该每日增加知识、才干，学道修行，却应该每日减少贪欲，贪欲一分一分减少，道行一分一分精进，当贪欲减少到接近于无时，便进入顺其自然的境地，也就是老子所谓"无为而无不为"、孔子所谓"从心所欲"、释子所谓"圆觉"的大自由境地。当此境地，无论一言一行一念，无不从容得体，做人做事岂不"轻快脱洒"？

"天理"二字，虽然是一个宋代理学概念，跟老子的"道"，孔子的"天道"，释子的"佛道"，只是名词的不同，即使内涵有细微差别，也无须刻意分辨，按现代哲学观点，理解为"自然规律"，亦无不可。

减"人欲"跟复"天理"有什么关系呢？人的智性原本清明，一

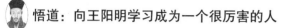

且被欲望屏蔽，智性便昏昧了，随着欲望一层一层堆积，最后连自己是谁都看不清了，又如何看清身外的人和事？比如初生婴儿，欲望是最小的，只有吃喝拉撒那点事，满足了便发出会心的微笑，不能满足便无所顾忌地放声大哭，他们易于满足，而且用不着分别好人坏人，用不着计较好事坏事，更用不着在意他人的眼光，因此大部分时候处于精神愉悦的状态。据科学家统计，婴儿每天平均微笑三百多次。随着欲望增大，想要的总是比得到的多，经常处于不满足状态，烦恼便产生了。为了解除烦恼，不得不殚精竭虑地追求想要的一切，思维和行为也不由自地跟着欲望流转——为了一点虚荣心，眼睛随时盯着别人生活，别人加薪了、晋级了、穿了一身新衣服，都成了自己心里的痛楚；为了大家都羡慕的名车、洋楼，不惜屈身为"车奴""房奴"；为了过上所谓惬意的"小资生活"，只好起早贪黑，像牛一样干活……

当一个欲望满足后，无数个欲望又如春笋般露出头来，来不及品味短暂的欣喜，又进入无尽的追逐中，欲望无限，追逐无限，最后，大家都变成了没有思想的驴子，每天被欲望牵引，走上时间的单行道，根本不知道活着的意义何在，不知道自己究竟想怎样的生活，烦恼成了割之不尽的赘疣，幸福变得毫无指望，甚至于展颜一笑的心情都变成了奢侈的享受。据科学家统计，现代成年人每天平均微笑的次数只有二十多次而已！

如何重获心灵的自由、体验真正的幸福？很显然，一味追求物欲的满足，那是一条永无尽头的死路；只有反诉自心，从减少欲望着手。减去一分欲望，罗网上的绳索便解脱了一条。当欲望少之又少，到了老子所谓"复归于婴儿"的境地时，心灵便全然解脱，给一点阳光便灿烂，吃一颗冰糖便满足，幸福也会不求自来、不期而至，如此做人，岂不"轻快脱洒"？

欲望越大，幸福越小——对欲望和幸福的反比关系，东西方哲人所见略同，孔子提倡"贫而乐"，老子提倡"圣人为腹不为目"，而苏格拉底则说："需求越少的人越接近上帝。"原因何在？一个人的真实需求的东西极少，住不过一室，睡不过一屋，吃不过一饭，一旦享用的东西超过了真实需要，反倒成了负累，诚如老子所说："五色令人目盲；五音令人耳聋；五味令人口爽；驰骋畋猎，令人心发狂；难得之货，令人行妨。"人需要吃饭，但天天山珍海味，除了吃出一身肥肉和糖尿病、脑血栓等各种疾病，又有什么好处？人需要倾听美妙的音乐，但是，大街小巷不绝于耳的流行音乐，又成了噪音；人需要适当玩乐，但玩乐太多，有何乐趣可言？王阳明所谓减"人欲"，并不是做一个不吃不喝、远离名利的无欲之人，而是将欲望降低到自己的真实需求，而不被虚假的欲望所蒙蔽。

如何减少欲望呢？王阳明提出了一个方法："私欲日生，如地上尘，一日不扫，便又有一层，着实用功，便见道无终穷，愈探愈深，必使精白天一毫不彻方可。"人是一种按惯性生活的动物，当你产生了某个欲望并开始认真追求时，便很难收住脚步，要么使欲望得到满足，要么被碰得头破血流。这一特性使很多聪明人变成了"不撞南墙不回头"的傻瓜，如佛家所说：一念可缠缚菩萨。如何对治惯性呢？当你产生某个欲望时，不妨反躬自问：难道它对我真的很重要吗？当你一次次审问自己时，你的心灵也被一遍遍清扫而变得清静了，自然能品尝到那种不为物累、轻松恬然的快乐。

人的欲望每时每刻都可能萌生，欲望一生，心尘便起，需要时时清扫，所谓修身养性，工夫全在这儿了！真正的幸福也发源于此。没有人真的可以减尽多余的欲望，没有人真的可以把心灵打扫得一尘不染，怎么办呢？唐代高僧鼎州禅师的话或许可以为你释疑解惑：

那是一个秋天，枯黄的树叶随风而落。鼎州禅师就弯着腰，将树叶一片片地捡起来，放进装垃圾的口袋里。一位弟子说："师父！您不用捡了，反正明天一早，我们都会打扫的。"

鼎州禅师不以为意地说："话不能这样讲，我多捡一片，地上就多一分干净啊！"

弟子说："落叶那么多，您在前面捡，后面又落下来，怎么捡得

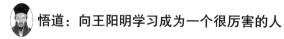

完呢？"

鼎州禅师边捡边说："落叶不光是落在地上，也落在我们的心地上，我捡我心地上的落叶，终有捡完的时候。"

跟王阳明学绝学：人的欲望纷呈，如秋天的黄叶纷纷飘落心田，哪能一时"捡"尽？但捡一点是一点，幸福体验也会多一点。抱着这样的心情自修，工夫每天都有一点点进步，靠着这每天的一点点进步，足以让你超凡脱俗了！

灵丹一粒，点铁成金

【王阳明语录】

人若知这良知诀窍，随他多少邪思枉（妄）念，这里一觉，都自消融。真个是灵丹一粒，点铁成金。——《知行录》

【语录精解】

人们如果知道良知的妙用，无论有多少邪思妄念，只要在良知上一悟，都自然消融于无形，真的像灵丹一粒，可以点铁成金。

王阳明所谓"良知"，是一种自发的美好情感，它不同于孟子所讲的人性本善，不同于荀子所讲的人性本恶，也不同于董仲舒所讲的人性非善非恶。"道"或"天理"自然存在于万事万物之中，"良知"也自然存在于人的心灵，好比软件可以驱动电脑一样，"良知"是上天赋予的一个完美软件，可以驱动人们从事各种有意义的工作。但是，物欲又像病毒一样，可以破坏"软件"的功能，使人的行为反常，做出许多自己都很厌恶的事情。

王阳明说："人心之得其正者即道心；道心之失其正者即人心。"在正常情况下，人们依从本心行事，往往高尚而又富有创造力，如同道流天下，包容一切，创造一切，使一切充满勃勃生机；一旦"良知"遭到物欲的侵染，人的行为又由高尚转为低级趣味，创造力也变成了破坏力，乃至伤天害理，离道就远了！王阳明的"致良知"，即是在心灵安装一个"杀毒软件"，杀掉由外入侵的"病毒"，回归本心。

事实上，没有人愿意过着卑俗、狭隘、邪恶的生活，没有人愿意封闭在阴暗的心灵世界、紧守着不可坦然告人的"隐私"，任谁都想过着体面的、有尊严的、光明正大的生活，任谁都想做一个好人，做一个对世界有益也被世界喜欢的人，人心自有一股向上的力量，这股力量即是"良知"。

"良知"是一种正向力量，引导人们走向正确的方向，但"良知"常常被物欲拨转了方向，变成负向力量，使人们南辕北辙、行为乖张。变化往往发生于不知不觉间，沙漠中的旅人，一旦失去了罗盘，就会迷失方向，他们以为自己正在走向生命的绿洲，却不知道自己离绿洲已经越来越远。人也是如此，一旦深陷物欲，根本看不清东南西北，所以错而不知错，义无反顾地走向跟"绿洲"相反的方向。在生活中，几乎每个人都认为自己是一个"好人"，因为他们本想做个"好人"，并且自以为一直在按"好人"的标准做人做事，所以，恐怖分子认为自己是在伸张正义，盗贼认为自己是在追求公平，"大魔头"如希特勒，至死都认为自己是在改良社会。

如何随顺做"好人"的美好愿望，使生命之舟不会偏离航向呢？王阳明认为，应该运行"良知诀窍"，或者说，溯本寻源，回归本心，找到最初的出发点。为了说明这个问题，不妨试举一例：

有一个美国老太太，儿子、儿媳不幸在车祸中丧生，她和小孙子相依为命，艰难地维持着生计。一天，她去偷面包时不幸被捉，交由法庭审判。

老太太请求法官原谅，因为她不喜欢偷窃，她偷面包是因为孙子很饿。

但是，根据神圣的法律，陪审团的所有成员都认为老太太有罪，旁听席上的人们也认为，老太太的处境虽然令人同情，但可耻的偷窃必受惩罚。

最后，法官给了老太太两个选择：要么坐监一个月，要么交罚金十美元。

老太太不能坐监，因为她的小孙子嗷嗷待哺；可她身无分文，也交不起罚金。

这时，法官站起来说："在一个文明社会里，却有一个七旬老人，不得不靠偷窃面包喂饱她的孙子，这是谁的过错？是我们大家的过错；这是谁的耻辱？是我们大家的耻辱。她的悲惨遭遇，是因我们大家的冷漠。"

法官掏出十美元，替老太太交了罚金。同时决定：对在场的每个人罚款一美元，作为对老太太的补偿。

每个人都心甘情愿地掏了罚金，并且对法官的判决报以热烈的掌声，许多人甚至感动得热泪盈眶。

在这个故事中，每个倾向于依法处罚老太太的人，都认为自己在按"良知"思考问题，因为维护神圣的法律，是每个人的义务。一旦大家意识到自己没有尽到救助他人的义务，意识到自己也是老太太悲惨境遇的制造者之一，于是，良知真正觉醒了，此时此刻，大家自发的美好行为，见证了真实的人性。

在生活中，你随时可能产生"邪思妄念"，例如嫉妒、怨恨、恼怒、厌憎等种种不良情绪，而且你理所当然地认为，你是对的，错的是别人，你是"名门正派"，别人是"邪魔外道"，所以你理直气壮地厌恶、指责别人，你甚至希望将你厌恶的人像垃圾一样清理掉。当你这样想时，"良知"已经被邪思妄念掩埋，也就是俗话说的，"猪油蒙了心"，人性已经只剩下黎明前的一点微光了！你的不良情绪首先伤害的是自己，让你饱受烦恼的折磨。一旦不良情绪流露于外，化为言语和行为，进而会伤害他人。人与人之间的彼此伤害与仇视，往往就是这样造成的。

如何"在良知上一悟"呢？主要有如下三个方法：

一是反躬自省。你真的站在正确的一方吗？你真的不需要为别人的错误负责吗？你评判好坏对错的标准真的经得起推敲吗？你所言所行真的对得起自己的良心吗？多拷问一下自己，你更容易拂去心尘而让"良知"显现。

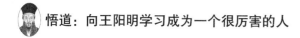

二是积极沟通。一旦你了解他人心里正在想什么，正在遭遇怎样的困境，也许立即就能理解他为何这样做、这样说，心态自然转为平和，"邪思妄念"顿然消解。

三是以自然的眼光看一切。天要刮风下雪，那是因为到了刮风下雪的季节；他人之所以做你瞧不起、看不惯、想不通的事，那是因为他正好到了这个"季节"。你能忍受刮风下雪，为何不能忍受他人的言高语低、行为异常呢？佛家说："心净则世界净。"一旦你的心态归于自然，看一切都觉得自然，没有什么人可以勾起你的不良情绪了。

王阳明临终前，说了八个字："此心光明，亦复何言。"可以想象，他心中的光明，正是"良知"散发的异彩。"良知"源于自然，也要以自然之心去体验。一旦"良知"充溢内心，如同光照阴影，种种不良情绪，自然消失不见，眼中的世界，无不美好，真正的幸福也会于此时此刻降临。西方哲人说，这是一种"高峰体验"，佛家则说，这是一个"极乐世界"，一个有过"极乐"体验的人，才算真正活过，并且懂得幸福的真谛，能够从浅显的事物中发现宇宙的全部奥义。

跟王阳明学绝学：人人都有"灵丹一粒"，让你化腐朽为神奇，将平淡的生活变成一个"极乐世界"，而"点铁成金"的途径：致良知。

良知自在人心

【王阳明语录】

是非之心，不虑而知，不学而能，所谓良知也。——《知行录》

【语录精解】

是非之心，不用思考便知道，不用学习便具备，这是真正的良知。

王阳明有《咏良知四首示诸生》诗，第一首便点出了"良知"的要旨：

个个人心有仲尼，自将闻见苦遮迷。

而今指与真头面，只是良知更莫疑。

什么意思呢？每个人心里都有良知，不比孔子多一点，也不少一点。因为良知本是天生，不用学习和思考，自然而得，大家不多不少，只有"灵丹一粒"。那么，为什么孔子是大圣人，而大家只是凡人呢？因为孔子体悟了自己的良知，而大家还处于懵懂状态，将"灵丹"遗弃在物欲的垃圾堆中。

王阳明这一说法，借鉴了佛家的观点，佛家认为"凡圣不二"，每个人的佛性没有差别，不同之处只在一个悟字上，"佛是已悟的凡人，凡人是未悟的佛"。作为"先觉"者，其义务是"先觉觉后觉"，帮助未悟者觉悟成圣，帮助的方法，并非将"良知"灌输给他人，而是引导他人发现自己的"良知"。

　　孔子曾说："吾有知乎哉？无知也。有鄙夫问于我，空空如也，我叩其两端而竭焉。"对此，王阳明对弟子们作出精彩的解释："孔子有鄙夫来问，未尝先有知识以应之，其心只空空而已；但叩他自知的是非两端，与之一剖决，鄙夫之心便已了然。鄙夫自知的是非，便是他本来天则，虽圣人聪明，如何可与增减得一毫？他只不能自信，夫子与之一剖决，便已竭尽无余了。若夫子与鄙夫言时，留得些子知识在，便是不能竭他的良知，道体即有二了。"这就是说，孔子引导"鄙夫"的方法，不是将良知像传授知识一样传授给对方，只是以没有丝毫偏见的平等心，引导对方反观自心，发现心中本有的"矿藏"。

　　有趣的是，西方哲人苏格拉底也有类似的观点，他认为，知识即回想。也就是说，人们不是从经验中，而是从推论中获取知识，教育的目的在于引导人们发现存在于自身的知识。"教育（education）"一词来自拉丁语，其意就是"导出"。在苏格拉底的语境中，"知识"意为智性或真理，跟王阳明的"良知"相近。

　　苏格拉底认为，真知不能通过教学过程直接转入学生的心灵，教师所能做的仅仅是协助学生产生某一概念的过程。所以教师的任务不在于臆造和传播真理，而是要做一名"智慧的助产士"，把存在于学生内心的知识导引出来，变为学生的实际知识与技能。因此，苏格拉底从不把自己视为正确答案的提供者，他说："教育不是灌输，而是点燃火焰。"

　　为了帮助他人"点燃火焰"，苏格拉底发明了一种独特的教育方法：智慧助产术。亦称"苏格拉底辩证法"，其法是提出一些问题，引导对方一步一步地发现真理。为了证明真知原本存在于人的头脑中，苏格拉底曾用此法向一个未念过书的奴隶的孩子问了一些几何问题，这个孩子最终给出了正确答案，好像正确答案早就藏在他心里一样。苏格拉底从小跟着母亲到别人家去接生，给母亲打下手，这一段生活经历在他心中留下了深刻印象，他曾经对朋友说："我母亲是助产士，我向她学到了接生术。所不同的是，她是肉体的接生者，我是智慧的接生者。"

无独有偶，苏格拉底在"接生"智慧时，也像孔子一样，保持着"空空如也"的无我境界，他有一句精彩的格言："我只知道我一无所知。"意思是，丝毫不介入个人观点，让对方充分发表意见，然后使对方一步步地接近正确的结论。

孔子和王阳明都没有留下引导他人觉悟"良知"的具体方法，所幸"苏格拉底辩证法"有详尽的实施步骤，我们不妨看看他是怎么做的：

第一步：讥讽。通过询问，引导对方发现自己认识中的矛盾，意识到自己思想的混乱，怀疑自己原有的知识，并萌生寻求问题答案的迫切愿望。

第二步：助产。引导对方抛弃谬见，使他们找到正确、规律性的东西。换句话说，就是帮助真理产生。

第三步：归纳。即从个别事物中找出共性，通过对个别善行的分析比较来寻找一般美德。

第四步：定义。即把单一的概念归纳为一般的结论。

为了更好地说明"苏格拉底辩证法"，请看一个他和学生问答的有趣的例子：

格老孔是柏拉图的堂弟，当时不到 20 岁，梦想成为城邦政府的领袖，为的是享受至高地位带来的荣耀。家里人都认为他好高骛远，希望他脚踏实地生活，做一些力所能及的事情，但没有谁能说服他，无奈之下，格老孔的家人只好求助于苏格拉底。

一天，苏格拉底看见格老孔迎面走来，老远就喊："喂，格老孔，听说你决心做我们城邦的领袖，这是真的吗？"

"是的。我的确是这样想的，苏格拉底。"格老孔回答。

"那好极了！如果人间真有什么好事的话，这又是一桩好事了。因为，倘若你实现了目标，你将能够帮助你的朋友，为你的家庭扬名，为你的祖国增光；你的名声在传遍全城之后，还会传遍整个希腊，甚至在异邦中享有盛名。那时，你无论走到哪里，都会受到人们的敬仰。

是这样吗？"

"我想是的。"格老孔受到赞扬，心里大为高兴。

"很明显，格老孔，如果你想受到人们的尊敬，你就必须对城邦有所贡献。对吗？"

"正像你所说的。"格老孔回答。

于是，苏格拉底又问格老孔打算用什么方法为城邦做贡献。格老孔根本没有想过这个问题，低头沉思起来，久久没有回答。

过了好一会儿，苏格拉底启发说："为城邦做贡献的方式，是不是应该首先让我们的城邦富裕起来？"

"是的。"

"实现富裕的途径是不是应该让税收增加？"

"是的。"

苏格拉底又问了一连串问题：税收从何而来？总数多少？不足的补充来源是什么？

格老孔难为情地表示，他对这些问题还没有考虑过。

苏格拉底又问了一连串有关治理国家必须考虑的问题，如：削减开支、国防力量、防御战略、粮食供应等。

格老孔惭愧地说，他对这些问题所知有限。

最后，苏格拉底又问："国和家一理。国家人口多，问题很复杂，一时之间很难全部弄懂。但是，如果你能帮助一个家庭，就可以着手帮助更多的家庭。你为什么不试着增进你叔父家的福利呢？"

格老孔说："只要叔父肯听我的劝告，我一定能对他有所帮助。"

苏格拉底笑了："你连叔父都说服不了，你将用什么方法说服包括你叔父在内的所有雅典人呢？"

最后，高傲的格老孔终于明白，以自己目前的素质，确实不适于做城邦的领袖，他离梦想还非常遥远，应该将眼前的生活定位于力所能及的目标。

苏格拉底并没有告诉格老孔正确的选择，只是拨开了格老孔眼前的迷障，使他找到了心中本有的正确答案。

王阳明的《咏良知四首示诸生》中还有一首：

无声无臭独知时，此是乾坤万有基。

抛却自家无尽藏，沿门持钵效贫儿。

"良知"自在人心，无论道德判断还是成功方法，人人心中本来具有，无须外求，它是人生最宝贵的财富，取之不尽，用之不竭，每个人只需发掘自己心中本有的"良知"，便可受用一生，根本不必像一个穷孩子一样，向别人乞求真知。

跟王阳明学绝学：以智者为师也很重要，因为智者可以为你指点路径，帮你指出"宝藏"所在，让你更快地领悟"良知"之妙！

恶人之心，失其本体

【王阳明语录】

恶人之心，失其本体。——《知行录》

【语录精解】

恶人的心，失去了本来面目。

"良知"是一颗清净不染的心，一般人理解为一颗"好心"，则有偏颇。有人曾问王阳明："您说人人都有良知，为什么有人做好事，有人做坏事呢？"

是呀！如果一个人有好心，怎么会干坏事呢？如果没有好心，说明人人都有"良知"的结论并不正确。

对此，王阳明的回答是："恶人之心，失其本体。"

恶人也有"良知"，只是被贪欲蒙蔽，失去了本来面目，所呈现出来的行为便是"不良"，好比一杯净水，原本可以滋养身体，一旦添加了毒药，那就要毒死人了。但毒性不是水的本性，恶也不是人的本性，都是后来添加。既然可以添加，也可以清除，水可以通过蒸发重新变成净水，人可以通过清除贪欲重现良知。

有一个故事，可以说明恶人确有良知，而且"除恶"的过程并不太难：

有一次，唐代高僧空也禅师外出弘法，在一条山路上，突然窜出一群土匪，将刀剑架在他脖子上，索取"买路钱"。空也看着他们，扑簌簌地掉下了眼泪。

匪徒们哈哈大笑说："你真是一个胆小和尚！"

空也禅师说："我不是因为害怕才流泪，对于生死，我早就不放在心上了。"

"那你为什么流泪呢？"匪徒们好奇地问。

空也禅师说："你们一个个年轻力壮，不为社会工作，不凭劳动养活自己，却在此拦路劫财。我想到你们所犯的罪过，不仅国法难容，将来还要堕入地狱，遭受苦难。我是为你们感到伤心才流泪啊！"

匪徒们听了，深受感动，竟然抛下贪婪之心，皈依到空也禅师门下，从此变成了虔诚的修行人，心性和行为与往日大不相同。

匪徒自然称得上"恶人"，为何能改恶向善？因为他们本有良知，以前"失其本体"，后来回归正位，并没有变成另一个人，只是做回了真正的自己。

王阳明的思想，深受佛家的影响，对人性深具信心。佛家提出了"放下屠刀，立体成佛"的观点，因为人性本来清净纯良，人人都有向善的动机和动力，只是后天的积染甚深，以至心性不明，堕入无穷的黑暗中，看不见正确的道路，乱碰乱撞，难免会有不恰当的行为，甚至犯下种种过恶。一旦拨开迷雾，心如月明，自然会走向光明的大路。

在生活中，对恶人当存何种态度？《八大人觉经》提出了一个令人感动的观点："贫苦多怨，横结恶缘；菩萨布施，等念怨亲，不念旧恶，不憎恶人。"那些贫穷的人，以及深陷各种苦恼的人，对世界、对他人必多怨恨，因为他们往往将自己的不幸归结于他人或环境，带着怨天尤人的心理，必然犯下种种"恶行"，用言语或行为伤害他人，结下形式不一的"恶缘"，使生活道路变得更加狭窄，烦恼丛生。究其实，他们都是一些可怜的人，是一些值得怜悯的人，与其记恨他们，厌憎他们，不如"布施"一点爱给他们，也许你的爱能点燃他们心中的善，从此脱胎换骨，变作"好人"。

事实上，让一个"恶人"变成"好人"，是人世间最伟大的慈善活动，远胜于你向希望小学捐资一百万元。然而，要做到"不念旧恶，不憎恶人"，确实很难很难，但生活中也不乏有此"菩萨心肠"的人。

在第二次世界大战期间，一支部队在丛林中与敌军相遇。激战后，安德森和一位战友与部队失去了联系，而且迷了路。两人来自同一个小镇，以前就是好朋友。现在同陷绝境，他们互相鼓励，互相扶持，在丛林中艰难跋涉。十多天过去了，他们仍未走出丛林。一天，他们打死了一只鹿，依靠鹿肉又艰难地度过了几天。最后，他们只剩下一小块鹿肉，背在安德森的身上。他们饥肠辘辘，却找不到任何可以充饥的东西。

这天，他们与一小股敌人遭遇，经过一番枪战，他们巧妙地避开了敌人。走在前面的安德森以为脱离了危险，松了一口气。没想到，就在这时，只听一声枪响，他中枪了——幸亏伤在肩膀上！战友惶恐地跑过来，抱着安德森，泪流不止，并撕下自己的衬衣替安德森包扎伤口。

晚上，那位战友一直念叨着母亲的名字，两眼直勾勾的。他们都以为熬不过这一关了。尽管饥饿难忍，可他们谁也没动最后一块鹿肉。幸运的是，第二天，他们被友军发现，脱离了危险。

30年后，安德森说："我知道谁开的那一枪，他就是我的战友。当他抱住我时，我碰到他发烫的枪管。我怎么也不明白，他为什么对我开枪？但当晚我就宽恕了他。我知道他想独吞我身上的鹿肉，我也知道他想活着回去见他的母亲。此后30年，我假装根本不知道此事，也从不提及。战争太残酷了，他母亲还是没有等到他回来，我和他一起祭奠了老人家。那一天，他跪下来，请求我原谅他，我没让他说下去。我们又做了几十年朋友，我宽容了他。"

那位士兵竟然为了一块鹿肉，谋杀自己的战友，其行为令人发指。但他很快悔悟，替战友疗伤，可见良知未泯，只是一时"失其本体"。何况，在死亡的威胁下，人的正常心理早就受到了破坏，就像人们能够宽恕一个疯子一样，安德森宽恕伤害自己的人，也许出于类似的心理动机。

在生活中，不仅"恶人"会"失其本体"，每个善良的人在一定情境下，都可能"失其本体"，像那位开枪射击战友的士兵一样，做出后悔莫及之事，乃至犯下不可饶恕的罪恶。一个"放下屠刀"后，即可"立地成佛"。不过这只是针对心境而言，你的心境近佛，但你摆脱不了"因果循环，报应不爽"的命运。

跟王阳明学绝学："法律面前人人平等"，并不认得你是凡人还是佛，所以，一定要紧紧护住"良知"，不要做罪不可恕之事。

☙ 持志如心痛 ❧

【王阳明语录】

持志如心痛。一心在痛上，岂有工夫说闲话、管闲事？——《知行录》

【语录精解】

立定了志向的人，好像害了心痛病一样，一心都在痛上，哪有工夫说闲话、管闲事？

古人说："苟有志者无非事也。"一个真正立定了志向的人，不会做无益之事，一心奔向理想目标，对与目标无关的事，不放在心上，更不会把时间浪费在说闲话、管闲事上。

相反，一个心无大志的人，根本不明白哪些事情很重要、哪些事情无关紧要，经常纠缠于一些鸡毛蒜皮的小事中，为别人的一句话生气，为别人一个眼神闹心，甚至没事找事，无故挑起许多矛盾。有志者深切感受到"时间就是金钱"，而无志者的时间往往一文不值。为了打发无聊的时间，或跟狐朋狗友闲聊，或在网上跟不三不四的人神侃，或去娱乐场所寻开心、找刺激，生命在价值低廉的活动中渐渐消磨，活过了好像没有活过一样。

王阳明说"持志如心痛"，是一个形象的比方，但更形象的比方也许是持志如恋爱。你一旦真正爱上了你的目标，便会调动全部激情，不辞劳苦地追求，一些无关紧要的琐事，很难触动你，对别人的闲言碎语，你也会一笑而过。由于你"爱得真切"并且付出了超常的努力，往往能心想事成。

春秋时的宁越，本是中牟地方的一个农民，起初一字不识，每天耕田种地，过着贫穷的日子。他觉得这样的生活太没有希望了，就向朋友请教："种田太辛苦了，怎样可以改变命运？"朋友说："最好的办法是读书。读二十年书，你的命运就会改变。"

宁越说："我想用十五年实现这个目标。别人休息，我不休息；别人睡觉，我不睡觉。"

从此，每天劳作之余，他便废寝忘食地学习，苦读十五年后，他变成了一个学识渊博、智慧超卓的人，被周威公聘为老师。

宁越心无大志时，觉得种田很苦；立定志向后，在种田之余，还加上了读书之苦，他也不觉其苦，反倒乐在其中，因为"持志"的"心痛"，远甚于劳作、读书之苦，相反，后者的"苦味"，反倒可以成为医治"心痛"的良药。

王阳明认为，做人做学问，第一件事是立志。他说："志不立，天下无可成之事，虽百工技艺，未有不本于志者。今学者旷废隳惰，玩岁愒时，而百无所成，皆由于志之未立耳。故立志而圣，则圣矣；立志而贤，则贤矣。志不立，如无舵之舟，无衔之马，漂荡奔逸，终亦何所底乎？"

没有志向的人，目标散乱，东一榔头，西一棒子，什么都想抓一把，却不知道什么才是自己真止想要的。因注意力分散，又不能持久，任何事都很难做成功，"不如意事常八九"。对追求的东西，得不到时固然灰心丧气，得到了也没情没趣，很快便会厌倦。

而立定志向的人，心有主宰，始终向着一个目标前进，每进一步，便与目标接近一步，心里就有一分欣喜，不管最后是否达成目标，他都充分享受了过程的美妙。因为他注意力集中，力量凝于一点，成功的可能性非常大，通常不会抱憾而终。

那么，人应该怎样立志呢？并不是设立任何一个目标都是立志，因为许多目标像海市蜃楼一样，只是虚假的目标。首先，你

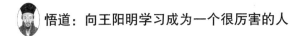

不能把目标定位于外物，佛家认为，一切外物都"如梦幻泡影，如露亦如电"。例如，有人以追求金钱为目标，最后发现自己"穷得只剩下钱"了；有人以追求权势为目标，最后却发现自己"错过了很多"。其次，你不能把希望寄托在他人身上，因为每个人都有自己的生活。有人将全部心血放到孩子身上，最后却发现一腔心血付诸东流；有人以为陪伴爱人，一生便可无憾，最后却发现只有爱情还远远不够。

立志应该是一种精神追求，例如佛家的"普度众生"，儒家的"行仁"，以及许多科学家的"造福人类"，这样的目标好像虚而不实，却是真正的目标。王阳明所认为的立志，也似虚实真，他说："只念念要存天理，即是立志。能不忘乎此，久则自然心中凝聚，犹道家所谓结圣胎也。"

"天理"涵养众生、恩造万物，因此，王阳明的"存天理"，也可以理解为"造福人类"。

跟王阳明学绝学：一个人只有将自身命运跟人类共同的命运联系在一起，让"小我"融于"大我"之中，才是真正的立志，人生的幸福，也在"小我""大我"的"无间道"中。

空想无益

【王阳明语录】

立志用功，如种树然。方其根芽，犹未有干；及其有干，尚未有枝；枝而后叶，叶而后花实。初种根时，只管栽培灌溉，勿作枝想，勿作叶想，勿作花想，勿作实想。悬想何益！但不忘栽培之功，怕没有枝叶花实？——《知行录》

【语录精解】

立志和做工夫，好像种树一样，刚开始时，只有一点细根嫩苗，还没有树干；等到长出树干，还没有树枝；有了树枝而后有树叶，有了树叶而后有花果。树苗刚种下去时，只管栽培灌溉，不要去想树枝，不要去想树叶，不要去想开花，不要去想结果。空想有什么用呢？只要不忘了栽培的工夫，还怕没有枝叶花果吗？

人人都想成功，但成功不是想来的，若不多做工夫，成功从何而来？在精神方面，人人都想做个道德优秀的好人，但道德却不是想来的，若不多做工夫，内心如何能散发出德性之光？生活中好心犯错的人很多，他们欠缺的并不是向善的意愿，欠缺的只是判断是非的智慧和为善的能力。对这种心眼好、工夫差的人，别人如何对待呢？心情上认为他们"本质上不坏"，属于"可以教育好的"一类人，行为上却排斥他们、远离他们，如果他们的错误犯得很大，还要请他们去监牢反省错误、改造思想；甚至根本不给他们改正机会，直接拉到刑场，一枪毙掉。所以说，有了向善的意愿还远远不够。

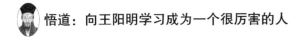

在事业、生活方面，人人都想过得好一点，都想加薪晋级，赚更多的钱，掌更多的权，出更大的名，为的是发挥更大的影响力。升官发财出名本身不是俗事，它们不仅是提高生活质量的重要条件，也是运载理想、创造人生价值的优良工具。孔子曾说："自从季孙氏送给我优厚的俸禄后，朋友们更加亲近了；自从南宫顷叔送给我马车后，我的仁道更容易施行了。所以，一个人坚持的道，遇上时机才会受到重视，有了权势然后才能推行。没有这两个人的赏赐，我的学说几乎成了废物。"一个人如果无权无势无钱，自然"人微言贱"，无人理睬，心里的好想法无法推行，一身的本事无处可用，就像堆在仓库、直到过期作废都卖不出去的商品一样，价值如何体现呢？

但是，名利权势都不是想来的，全靠做工夫，工夫深了，把该做的事做好了，一切都会不求自来。成龙演好了电影，根本用不着去想怎样出名，反倒要多想想怎样摆脱"狗仔队"的追踪；根本不用去想怎样赚钱，反倒要推掉一个个别人梦想不到的赚钱机会。反过来，工夫不行，自然是想什么没有什么。人生就像一场赛跑，"奖牌"和"奖金"全凭各人的工夫定归属，你一百米跑二十秒，只能参加小学三年级的比赛；你一百米跑九秒，不用说，你一定是世界"总冠军"，别人会把你捧到天上去，将"超人""外星人"之类的尊号送给你，至于名利之事，甚至不再值得你去想。

所以说，一个人只要认真做工夫就行了，别的都不用多想，想了也白想。如果你"混得不好"，无法引起别人的注意，一定是工夫不行，而不是因为你不够狡猾，或别人心眼不好、"不给你机会"。你想改变命运，唯一的办法只是做工夫。当然，工夫不止一种，说话有说话的工夫，办事有办事的工夫，持家有持家的工夫，恋爱有恋爱的工夫，工夫自然是多学一点好，但不可能学成万事通。一般而言，道德上的工夫人人必修，事业上的工夫则要依人生志向而定，你立定了什么志向，就去学什么工夫。王阳明说"立志用功"看成一件事，不立志自然懒于用功，不用功也谈不上立志，只是空想而已。

王阳明是一个实干家而非空想家，他一旦立志，就会采取行动，去做"栽培之功"。他幼年时的志向是成为一个纵横疆场的将军，于是他勤练武功，击剑射箭，无不精通。后来他带兵时，在校场表演，三箭皆中，令人啧啧称奇。青少年时，他立志修炼"长生久视"之术，于是四处寻访名师，探讨玄理，打坐修炼。成年后他立志做圣贤，走上了儒家"经国济世"之路，于是他勤学各种切身工夫，提升领导素质。他本是文人，为何能统领大军、战无不胜而立下赫赫军功？那绝对不是天赋才能，而是平日勤做工夫的结果。

弘治十二年（1499 年），28 岁的王守仁考中进士，"观政工部"，即在工部担任一个实习官员。当时明朝的北部边疆受到瓦剌的侵扰，而朝廷官员都无进取之志，不敢领军出征。对这一现状，心怀报国之志的王阳明很是不满，于是向皇上上书，提出八项措施，请求革故鼎新，改革经济、政治和军事，增强国力。他的上疏得到了皇上的肯定，但八条措施都未施行。王阳明深知空言无益，于是下决心学习兵法，以备将来为国出征。据《王阳明年谱》说："当时边报甚急，朝廷举将才，莫不惶蘧。先生念武举之设，仅得搏击之士，而不能收韬略统驭之才。于是留情武事，凡兵家秘书，莫不精究。"以此可见，王阳明学兵法的志向是成为"韬略统驭之才"。

王阳明读过多少兵书，不得而知，但从有关文献的记述看，他至少读过《孙子兵法》《司马法》《尉缭子》《六韬》《吴子兵法》《三略》《唐李问对》，而且他对这些兵书都有自己独到的见解。例如，他论《司马法·大子之义》说："先之以教民，至誓师用兵之时，犹必以礼与法相表里，文与武相左右，即'赏罚且设而不用'，直归之'克让克和'，此真天子之义，能取法天地而观乎先圣者也。"他论《李卫公问答》说："李靖一书，总之祖孙、吴而未尽其妙，然以当孙、吴注脚亦可。"他对《尉缭子》的心得是："巧者不过习者之门。兵之用奇，全从教习中来。若平居教习不素，一旦有急，驱之赴敌，有

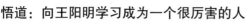

闻金鼓而目眩者矣，安望出死力而决胜乎？"他还从《六韬》《三略》中悟到了一条宝贵的成功理念："古者寓兵于农，正是此意。无事则吾兵即吾农，有事则吾农即吾兵，以佚待劳，以饱待讥，而不令敌人得窥我虚实，此所以百战百胜。"后来，毛泽东提出"兵民乃胜利之本"的英明胜策，与王阳明的认识神合意同，真可谓"英雄所见略同"。

王阳明最推崇的是《吴子兵法》，认为它的实用价值超过《孙子兵法》。

他说："彼孙子兵法较吴岂不深远，而实用则难言矣。想孙子特有意著书成名，而吴子第就行事言之，故其效如此。"后来，王阳明带兵作战，在战略思想上取法孙子，而在具体指挥上取法吴子，真可谓善于学习、融会贯通。

王阳明讲究"知行合一"，按他的观点，只有学习、没有实践，不可能获得真知，那他饱读诗书，又怎能精通兵道呢？

王阳明当然不会满足于纸上谈兵，一有机会就实践自己的兵法工夫。他二十九岁时，以钦差身份，奉派去督造威宁伯王越的坟墓。于是，他找到了用武之地，以兵法为统御之方，进行军事化管理。他组织民工演练"八阵图"，让民工劳逸结合，按时作息，对管理人员，也以兵法约束和指挥。当然，他还会根据实际情况，对管理方法不断改进。其结果是，在他的领导下，工程的效率极高，远胜平常。当工程完毕，他对兵法的领悟也就更深了。

此后二十多年，他一直没带兵，但并未停止在这方面做工夫，不仅如此，他还把自己的心学融入兵学中，练成了自己的"独门工夫"。后来，当他真正带兵时，对兵法运用娴熟，有如神助，屡建奇功。

跟王阳明学绝学：《明史》说："终明之世，文臣用兵制胜，未有如阳明者。"但是，从王阳明做工夫的经历来看，他并不是一个军事天才，他的成功，只是证明了一件事：只要工夫深，铁杵磨成针。

著相与不著相

【王阳明语录】

性是心之体，天是性之原，尽心即是尽性。——《知行录》

【语录精解】

人性是心的本体，天理是人性的源头，尽心就是尽其天性。

王阳明认为，人的天性受之于天，充溢于内心，与天理一脉相承，只要依从本心生活，自然可以尽其天性、顺从天理。这跟现代哲学所谓"按规律办事"并不背离，只不过，现代哲学认为，首先要探索规律、掌握规律，然后按规律办事，王阳明则认为，只要尽其天性，自然顺应了规律。这一说法比较玄妙，难以讨论，有兴趣的人不妨试试看。

尽其天性的第一步是观照天性，或者说，"认识你自己"。

王阳明又说："知是心之本体，心自然会知：见父自然知孝，见兄自然知弟（悌），见孺子入井自然知恻隐，此便是良知，不假外求。若良知之发，更无私意障碍，即所谓'充其恻隐之心，而仁不可胜用矣'。然在常人不能无私意障碍，所以须用致知格物之功胜私复理。即心之良知更无障碍，得以充塞流行，便是致其知。知致则意诚。"前面说"性是心之体"，这儿又说"知是心之本体"，可见在王阳明看来，天性即是良知，良知即是天性，而良知自然释放，便是真、善、美，便是孝悌心、同情心、仁爱心以及其他种种美好的感情。

王阳明是一个性情中人，主张"尽性"，不喜欢违逆天性的生活。他的"心学"虽然从佛家吸收了许多营养，但他对佛家抛弃父母家室的做法不以为然，有一次，他对弟子说："佛氏不著相，其实著了相。吾儒著相，其实不著相。"弟子请问何意，他说："佛怕父子累，却逃了父子；怕君臣累，却逃了君臣；怕夫妇累，却逃了夫妇：都是为个君臣、父子、夫妇著了相，便须逃避。如吾儒有个父子，还他以仁；有个君臣，还他以义；有个夫妇，还他以别：何曾著父子、君臣、夫妇的相？"

什么意思呢？所谓"著相"，意为偏执观念、心理障碍，父子之爱、君臣之义、夫妇之情都出自天性，自然而然地表达出来，何有障碍？刻意去逃避，反倒成了心障。

但是，王阳明的观点虽有道理，却不尽然。佛家站在更高的高度看问题，弘扬的是一种可敬的"大我"精神，他们并不是"逃了"君臣、父子、夫妇，而是抱持"一切可舍""我不入地狱，谁入地狱"的信念，本着"无缘大慈，同体大悲"的情怀，将"小我"置之度外，视众生如父如母，追求"普度众生"。好比一个战士，当他走上战场后，不管他的天性是否爱父母妻儿，都无法顾及父母妻儿，只能抱定"牺牲我一个，幸福千万人"的信念去追求胜利，不惜捐生弃命。佛家要跟万千"心魔"作战，跟战场上的战士一样，自然无暇旁顾。王阳明所谓"破心中贼"，如同佛家的战"心魔"，但仍以"小我"为基，不及佛家的高远。

但是，是否每个学佛之人都能跳出"小我"而追求"大我"呢？那就不一定了！有一年，王阳明闲游虎跑寺，听说一个僧人闭关三年，不言不视，觉得不可思议，便登门拜访。

和尚如泥塑木雕般坐在那儿，纹丝不动。王阳明想试一下他，大喝道："终日口巴巴说什么？终日眼睁睁看什么？"

和尚吓得跳起来，睁开眼睛，跟王阳明交谈起来。王阳明听说他家尚有老母在堂，便问："想念母亲吗？"

和尚愣了愣，答道："无法不想。"

王阳明笑了，给他讲了一番"爱亲本性"的道理，和尚听了，眼泪哗哗地直淌，当即哭着谢过王阳明，收拾行李回家去了。

和尚由"战士"变成了"复员军人"，似乎印证了王阳明"佛氏不著相，其实著了相"的观点，但事实上，著相或不著相，纯由个人修为而定。和尚回家孝养母亲，站在"小我"的立场，无可指摘；站在"大我"的立场，说明他向道之心不诚，信念不坚定。他的行为，好比士兵扔掉枪支回家尽人子的义务，应该夸奖或者指摘，关键看你以怎样的标准进行评价，不能一概而论。

王阳明在对待家人的问题上，大抵追求尽心尽性，但违逆心性而心随事转的情况也很多，一个心怀大志、事业成功的男人，很难同时是一个好儿子、好丈夫、好父亲，王阳明也不例外。他第一个对不起的人是他的妻子诸氏。诸氏是他的亲表妹、江西布政司参议诸养和的女儿，当他17岁时，经"父母之命，媒妁之言"，两人结为夫妻。当时王阳明正迷恋道学，每日钻研"长生久视"之术，新婚之日，他抛开家中成群的宾客，闲游铁柱宫，见一位道士盘腿坐于榻上，交谈之下，得知道士懂养生之术，于是盘腿与其对坐，相谈甚欢，竟将婚礼置于脑后，直到第二天清晨，才被焦急不已的岳父派人找回家。俗话说"春宵一刻值千金"，他却让新娘独守空房，于情于理都说不过去，即此也可见他的率性。

后来，王阳明仕途奔波，跟妻子相聚时少，让妻子独守空房的日子太多太多，那几乎成了他一份还不起的债务。不过，他并未放弃做丈夫的责任，当他初入官场，郁郁不得志时，曾写过一首《又重游开先寺题壁》：

> 中丞不解了公事，到处看山复寻寺。
> 尚为妻孥守俸钱，到今未得休官去。
> 三月开先两度来，寺僧倦客门未开。
> 山灵似嫌俗士驾，溪风拦路吹人回。

君不见，

富贵中人如中酒，折腰解醒须五斗。

未妨适意山水间，浮名于我迹何有！

王阳明第二个对不起的人是他的奶奶，当他入仕后，奶奶年近百岁，他多次请求辞职回家，陪侍在奶奶身边，因皇上不准辞职，以至奶奶命终时，未能见上一面，引为终生之憾。

王阳明第三个对不起的人是他的父亲、状元公王华。王阳明平定"宸濠之变"后不久，听说退职在家的父亲病重，内心焦急，四次上书向皇上请假，都未获批准，因此产生了"弃职逃归"的念头。后来接到家信，说父亲病体已经痊愈，这才打消了"逃归"的念头。有一次，他问学生们："我想弃职逃回时，你们为什么没一个赞成我？"

学生说："先生思归一念，亦是著相。"

阳明沉思良久，说："此相安得不著！"

但是，他虽有孝心，终究被公事缠缚，"忠孝不能两全"，无法在父亲身前尽孝。

王阳明还有两个对不起的人，一个是养子正宪，一个是儿子正聪。王阳明四十四岁时，因诸氏不生儿子，于是过继堂侄正宪为子。诸氏去世后，王阳明续娶张氏为妻，在他五十五岁时，张氏生了儿子正聪，令他喜出望外。但是，因公务繁忙，无论对继子还是儿子，他都没有时间尽教养之责。正宪一生平庸无奇，正聪才两岁时，王阳明奉命出征，死于征途，撇下孤儿寡母。王阳明临终前，深知家族内部矛盾重重，不免为正聪的未来担忧，于是委托他的弟子回来分了家，并让弟子们每年轮流选派两人前来照看正聪。他还写了一篇《同门轮年抚孤题单》，严正声明"诸叔侄不得参扰"。

王阳明死后，由于大学士桂萼攻讦他擅离职守等过，朝中政敌趁机落井下石，以致皇帝下诏停掉了对他的家人的恤典和世袭爵位，还将他的"心学"定为伪学，严禁流行。当地官员、恶少、家族中人，起而寻衅，正宪和正聪无法在家乡安居，不得不"逃窜"他乡，家产也被人瓜分。好在王阳明的弟子分外照应，两个孩子后来的处境还算不错，且正聪终于承袭了伯爵位，自此王家成了浙东望族，那也可以算王阳明泽被后人了！

在对待家人的问题上，王阳明究竟著相还是不著相呢？其实，无论著不著相，事情该怎样还会怎样，人的愿望和努力，终究无法跟大势所趋相抗。

跟王阳明学绝学：人只能"尽性"而已，却不能奢望结果一定合乎理想，顺其自然地生活就可以了！

做工夫做到聪明伶俐，随流性转，圆滑接物，像小老鼠一样见危则避、见利则趋，那就把工夫做小了。心有准则，不动如山，知行合一，内圣外王，是真工夫。

第二章
王阳明的工夫绝学

有事省察，无事存养

【王阳明语录】

省察是有事时存养，存养是无事时省察。——《知行录》

【语录精解】

省察是有事时存养良知的方法，存养良知是无事时省察的方法。

"省察"，即自我反省，自我检查，某件事做得对吗？某句话说得恰当吗？某个想法合适吗？这是儒家传统的修身方法。曾子说："吾日三省吾身：为人谋而不忠乎？与朋友交而不信乎？传不习乎？"通过自我反省，找出不足加以改进之，发现过失加以改正之，自我修养便精进了一分。

"存养"即加强自我修养，王阳明认为，自我修养是为了发明良知，不是做给别人看的。他说："无事时固是独知，有事时亦是独知。人若不知于此独知之地用力，只是在人所共知处用功，便是诈伪。此独知处便是诚的萌芽，此处不论是善念恶念，更无虚假，一是百是，一错百错。"所谓"独知"，即自己心里清楚；所谓"共知"，即大家都看得见。真正的修养，凭良心办事，只要自己心里清楚就行了，不在意别人是否知道自己的好处。

而修养一般的人，好事一定要做在人前，不当"无名英雄"，做了好事一定要说出来，唯恐别人不知道。王阳明认为，这只是"诈伪"，不是真正的修养。为什么呢？你示恩于人，无非是为了博取感激和好名声，或是希图日后的报偿，这跟做买卖、放贷款差不多，有何诚意可言？你若施人"滴水之恩"，贪求"涌泉相报"，那就形同奸商了。

王阳明的"独知"，跟儒家传统的"慎独"的修养大同小异，只是说法不同。《中庸》说："道者，不可须臾离也，可离非道也。是故君子戒慎乎其所不睹，恐惧乎其所不闻。莫见乎隐，莫显乎微，故君子慎其独也。"意思是：道德原则是一时一刻也不能离开的，要时刻检点自己的行为，即使别人看不见也不做坏事，即使别人听不见也不说坏话。不要因为坏事隐秘就去做，不要因为过失细微就去做，即使在一人独处时也言行谨慎，这才是君子的教养。

很显然，王阳明所谓"良知"，也可理解为《中庸》所谓"道"。

有事省察、无事存养的修行方法，要旨在于独守内心的良知，不为外物所扰动，亦即佛家所谓的"如如不动心"。一个人如果能做到"独知"而"不动心"，不仅可以深培道德，在做人做事方面也自有超拔不凡之处。王阳明奉命去江西剿匪之前，兵部尚书王琼曾断言他必成大功，因为他心有定力，"触之不动矣"！

王阳明的学问道德，深受父亲王华的影响，而王华的修养工夫非常精深，真正达到了"不动心"的境地。王华学问宏达，于成化十七年（1481年）高中状元，后来身任帝师，又出任吏部尚书，位高权重，一生显达。王华为人气质醇厚，平生无矫言饰行，仁恕坦直，不立边幅，无论人多人少，对大对小，都待之如一。谈笑言议，由衷而发，广庭之论，人对妻子，都不事虚言。认识他的人，从未见过他有难处之事，无论大事小事，他都处之泰然，从容不迫。

王华年老退休后，闲居在家，孝养老母。他具有很强的政治洞察力，早就料到宁王朱宸濠必然谋反，因此未雨绸缪，在上虞的龙溪买了一块地方，准备急难之时携家避难。后来，朱宸濠果然在南京举兵谋反，因王阳明时任南赣巡抚，官署就在宁王的控制范围内，以他的个性，势必不肯从贼，因此大家都料定他已然遇害了。有人劝王华按原计划去龙溪避难。王华说："我当初是为老母作准备，老母已不在，我儿若不幸遇害，我何所逃乎天地间？"他又告诫家人保持镇静，不要惊慌。

但王阳明正好因军务外出，躲过了宁王的胁迫，并且举起了征剿宁王的大旗。消息传来，有人又劝王华说：宁王痛恨阳，必然派人来报复，还是避到龙溪去为妙。

王华淡然说："我若年轻，就上阵去杀敌去了，现在，我们应该共同守备，以防奸乱。"他每天从容地生活、做事，跟平时没有两样，乡人见他如此，因此人心安定，不慌不乱。

王阳明平定朱宸濠之乱后，又受到嫉妒他的奸党的诬陷，一时间群议汹汹，祸福只在旦夕间，不可测度。当地的小人乘机作乱，去王家里登记财产牲畜，好像即将抄家似的。王家的姻亲、族人都惊恐不安，不知如何是好。王华却平静如常，每天在田野间悠闲漫步，好像什么事也没发生一样，同时告诫家人小心办事，谨慎言语。

后来，朝廷正气上升，公论阳明有功，当行封赏，于是嘉靖皇帝诏令给予阳明加官晋爵等封赏，而且三代并妻一体追封，子孙世世承袭。当朝廷封赏的诰命送到王府时，恰逢王华七十七岁寿辰，可谓双喜临门，亲朋好友咸来祝贺。此时，王华反倒戚然不乐，将阳明叫到身边，告诫说："宸濠之变，大家都以为你死了，你却没有死；都以为祸事难平，你却平定了。然而，盛者衰之始，福者祸之基，我虽然以你的成功为荣，同时又以你的成功为惧啊！"

阳明听了，跪在地上，一脸或畏地说："大人之教，儿所日夜切心者也！"

不久后，朝廷追封三代的诏命正式送达，病重在床的王华让阳明弟兄赶紧到门口迎接，说"礼不可废"，当全部仪式完毕后，王华一脸欣然，瞑目而逝，享年七十七岁。

　　跟王阳明学绝学：王阳明是性情中人，每天讲"致良知"，讲"不动心"，不一定能完全做到；王华是德行高超之士，很少口说言讲，却真的能在"独知之地用力"，从容地做出来。从王阳明那儿，可以听到"存养"的妙味，从王华那儿，能看见"存养"的妙用。

　　到妙用处，是真工夫！

涵养重于识见

【王阳明语录】

专涵养者日见其不足，专识见者见其有余。日不足者日有余矣，日有余者日不足矣。——《知行录》

【语录精解】

专心于涵养的人，每日可以看见他的不足；专心于识见的人，每日可以看见他的有余。每日不足者等于每日有余，每日有余者等于每日不足。

一次，有人议论说，阳明门下的弟子，某人专在涵养上用功，某人专在识见上用功，对此，王阳明评论说："专涵养者日见其不足，专识见者见其有余。日不足者日有余矣，日有余者日不足矣。"

王阳明的话，好像绕口令一样，什么意思呢？首先要明白"涵养"和"识见"的意思。"涵养"侧重于"行"，即提升修养，"识见"侧重于"知"，即明白道理。修养好的人，不一定能讲出很多道理，而且修养的提升，十分缓慢，一个粗人不可能两三年时间便变成绅士，所以"日见其不足"；懂道理的人不一定修养好，而且为学明理，比较快捷，"士别三日，当刮目相看"，读两三本书，见识跟以前就不太一样了，每天都能看到进步，所以"日见其有余"。

但是，一个人的修养到了一定程度，往往会由量变到质变，了悟其中的道理。所以说："日不足者日有余"；而一个人的学问做得再高，什么都知道，什么都会说，如果没有进行修炼的话，也很难反映

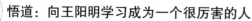

到修养上，所以说，"日有余者日不足"。打个比方，现代人都重视养生，一个人按养生的要求去做，每天锻炼身体、调理饮食、调适心态，另一个人专门学习养生理论、养生方法，若干年后，养生的人养得红光满面、身轻体健，这时候，他对养生之道必然已经心领神会了，可以上电视台讲养生经验。而学习的人学得面黄肌瘦、一身毛病，他也可以上电视台夸夸其谈地教人如何养生，自己却没有真正受到知识的滋养。王阳明推崇的是前一种人，因为涵养比识见更有价值。

可不可以涵养与识见齐修呢？这是最理想的进修方法，王阳明便是如此。但有些人限于条件，或因性情所使，自然会偏于涵养或识见一路。例如有些大学教授，想实践没机会，自然会把精力用在识见上。

王阳明对涵养与识见的论断，颇类佛家的观点；他的"心学"，与禅宗六祖慧能禅师的理论亦有神似之处。佛家中人也有涵养工夫与识见工夫的不同，据《毗奈耶杂事卷》说，比丘可分为经师、律师、论师、法师、禅师等五类，在中国佛教中，一般分律师、法师、禅师三类。律师精通佛教戒律，法师长于讲经说法，都属于做识见工夫的人；禅师长于坐禅参修，属于做涵养工夫的人。禅师不一定懂那么多佛教知识和修行方法，但一旦到了"顿悟"的程度，获得了无漏体验，见识往往不同凡响，足以给没有悟道的律师、法师们当导师。慧能本是个以打柴为生的樵夫，据说不识字，自然无法做学问。后来，他发心向佛，拜在五祖弘忍大师门下，尚未剃度为僧便已悟道，并继承了弘忍的衣钵。后来，他受嫉妒的同门逼迫，不得不流落江湖，混迹于农、商、渔、猎等各色人群中。有一次，他来到广州法性寺，听印宗法师讲经。几个学僧看见风吹幡动，引起了争论。有的说是幡在动，有的说是风在动。慧能插话说："不是风动，不是幡动，是仁者心动！"

此语一出，众僧大惊。印宗法师也深感惊异，当即跟慧能打起了禅机。最后，印宗法师为慧能所折服，当即决定为他剃度。但印宗法师虽然年纪大、资格老，却不敢做师父，反倒拜在慧能门下而为弟子。此时慧能年仅39岁，正式开始弘法。他以鲜灵活泼的禅机，倾倒了无数人，很快名闻遐迩，不少人慕名而来，不畏山高路远，向他求法。

一般的观点认为，谁的知识多，谁就学问大，谁就有资格当老师，但慧能既不识字，知识不如他的学生多，凭什么当老师呢？道理其实很简单：好比一个百发百中的枪手，不管他有没有学过枪法理论，都有资格给人当教练；一个管理了一家大公司并且生意兴隆的老板，不管他有没有学过 MBA，都有资格教别人做生意、搞管理。这就是涵养之妙，一旦到了悟道的境界，自然一理通百理通，可以不学自知，论真切工夫，他们可比那些"书呆子"强多了。

慧能知识不多涵养深，所以他有资格教那些知识比他丰富的人。有一天，无尽藏尼对慧能说："我研读佛经多年，仍有许多不明白的地方。"

慧能说："你有什么不明白的地方，说给我听听，或许我可以帮助你。"

无尽藏尼笑了，不以为意地说："你不识字，没有读过佛经，怎么可能了解其中的意旨，又怎么能帮得了我呢？"

慧能说："佛性和文字没有关系。"

无尽藏尼仍然半信半疑。

慧能又说："佛性好比天上的明月，文字就像手指。手指可以指出明月的位置，但手指不是明月，看月亮也不一定非得通过手指。"

无尽藏尼对慧能的妙论大加赞赏，就把佛经中不懂的地方说给慧能听，慧能果真为她解决了许多疑问。

还有一次，卧轮和尚自认为已经开悟，便做了一首偈："卧轮有伎俩，能断百思想。对境心不起，菩提日日长。"

慧能听说后，对弟子们说："这个偈子没有明了佛法的真义。如果依据这首偈来修行，就死掉了。'对境心不起'，认为这就是工夫好，大错特错。我们修道成佛是成活佛，而不是死在那里，变成金木土石，那样不能度生，没有一点价值。"他随即作了一偈："慧能没伎俩，不断百思想。对境心数起，菩提作么长。"

弟子们听不懂，请他开示。慧能说："所谓有伎俩，即是有工夫，心有所住，挂在工夫上了，这是'法执'，是不行的。思想用不着断，断了就不能起作用了，假如断了思想，像一块木头、石头，有什么用呢？凡事一念不生，同样不能起作用，所以我说'对境心数起'。譬如我们说法，也要起心动念！听法也不能不起心动念。虽然起心动念，但不著相，等于没有起心动念。菩提是妙明真心，不增不减、不生不灭，即使修证成佛，也没增加一分，怎么会有所增长呢？"

慧能没有学过佛理，可他悟道后，讲出来的话，句句都合佛理，涵养的妙处，即此可见。有趣的是，王阳明也认为"悬空静守如槁木死灰，亦无用"，跟慧能的认识一样。这应该不是知识的继承，而是古今同理，今人体验似前人。

在生活中，提高识见是很容易的事，花几天时间看几本书，识见就上去了。提高涵养却很难，知道不等于做到。有这么一个故事：

春秋战国时，韩昭侯任命申不害为宰相，将韩国治理得很好。申不害主张法治，有一天，他对韩昭侯说："所谓法治，就是根据臣民功劳的大小给予奖赏，根据他们才能的高低授予官职，根据他们所犯过失的轻重给予的惩罚。简单说，就是要做到信赏必罚。"

韩昭侯听了，点了点头，表示赞同他的话。

申不害又脸色凝重地说："现在，我国虽然建立了法律制度，您却听从左右大臣们的请求，不依法办事。本该惩罚的，左右一请求，您就不了了之；不该奖赏的，左右一请求，您就给予奖赏。这一来，法律形同虚设，怎么可能做到令行禁止呢？"

韩昭侯听了，恍然大悟道："先生所言极是！从今以后，我知道怎样实行法治了！"

过不久，申不害的一位堂兄前来投靠他，想谋求一个官职。申不害知道堂兄才能平平，本不想推荐，但自己年幼时曾受过他极大的恩惠，兄弟二人感情甚笃，现在堂兄千里迢迢而来，自己身为宰相，怎可让他失望而归？于是，申不害找了个机会，私下向韩昭侯提起此事。

韩昭侯笑笑说："先生所说的不是我从先生那里学到的东西啊！我现在如果听从您的请求，就违背了先生以前所说的话。我只好不听从您的请求了。"

申不害听了，羞得满脸通红，一句话也说不出来。从第二天起，他搬出相府住了一段时间，以示对自己的惩罚。

申不害的见识很高，完全清楚韩国治道的弊端，也知道对治的方法，可惜他的涵养工夫没那么高，一旦遇到切己的问题，就犯糊涂了，讨了个没趣。但他知耻而后勇，自罚过失，涵养工夫又比一般人高多了。

跟王阳明学绝学：做工夫的人应该注意，别以为读了几本书，懂得几家的理论，便具备了真工夫，只有加强涵养，在身心上体会，才有希望"大彻大悟"，到达智慧通达、日用有余的境地。

如何知行合一

【王阳明语录】

知者行之始，行者知之成：圣学只一个功夫，知行不可分作两事。——《知行录》

【语录精解】

"知"是"行"的源头，"行"是"知"的结果，圣人的学问只有一个功夫，"知"和"行"不能分成两件事。

王阳明的"心学"，主要有三套工夫，一是"心即理"，二是"致良知"，三是"知行合一"，而"知行合一"是重中之重。"心即理"，或许可谓之"心学"的理论基础——大家都不用费神去向外发现真理或探求规律了，只需从自己心里将它们找出来。假设这一立论正确的话，天下事少了十之七八。但是，从自己心里无论无何不能发现微生物世界，不能明白人体细胞癌变是怎么回事，更无法感知核爆炸的威力，许多事只是"发明本心"是远远不够的，还需要开阔眼界，向外探求。

但是，儒家的毕生追求是"修身齐家治国平天下"，无意于科学研究，亦无意于其他"粗鄙小事"，研究兴趣在于待人接物应官事，思考范围就不需要那么大了。无论官事、民事，无非是人事，办人事无非由心态起，"观念决定行为，行为养成习惯，习惯决定命运"，站在这个角度看"心即理"，还是很有道理的。

"致良知"主要是修身的工夫，"知行合一"以"致良知"为基础，是通向"内圣外王"的基本路径。

"知"，即"真知"。如何判断真知、假知呢？那要看你有没有真实的内心体验。懒人也会说"勤能补拙"，那只是鹦鹉学舌，说时心里什么反应都没有；勤劳致富的人说"勤能补拙"，那是真知，他体验过勤劳的妙处，说时自有妙味在心。

"行"，即行动，实践。对"知行合一"，王阳明从不同的角度进行了论述。他说："知之真切笃实处，即是行；行之明觉精察处，即是知，知行工夫本不可离。只为后世学者分作两截用功，失却知行本体，故有合一并进之说。"一般人认为，知和行是两件事，或者先知后行，或者先行后知。但王阳明的论断完全合乎逻辑，俗话说，"一处不到一处迷"，如果没有亲身实践，不可能"知之笃实"，你的"知之笃实"，只能来自于实践。反过来，你能将某事做得尽善尽美，一定完全明了办好该事的要点和规律。王阳明的此一观点，也可以概括为一句话——"实践出真知"。

王阳明还说："未有知而不行者。知而不行，只是未知……故《大学》指个真知行与人看，说'如好好色，如恶恶臭'。见好色属知，好好色属行。只见那好色时已自好了，不是见了后又立个心去好。闻恶臭属知，恶恶臭属行。只闻那恶臭时已自恶了，不是闻了后别立个心去恶。如鼻塞人虽见恶臭在前，鼻中不曾闻得，便亦不甚恶，亦只是不曾知臭。就如称某人知孝、某人知弟，必是其人已曾行孝行弟，方可称他知孝知弟，不成只是晓得说些孝弟的话，便可称为知孝弟。又如知痛，必已自痛了方知痛，知寒，必已自寒了；知饥，必已自饥了；知行如何分得开？此便是知行的本体，不曾有私意隔断的。圣人教人，必要是如此，方可谓之知，不然，只是不曾知。"

一般而言，如果人们真的知道，自然会付诸行动，见了美色自然会心动，见了危险自然会躲开。但知与行，有个程度问题，见了美色，可能只是行动到心动为止；见了危险，却不知危险是否一定会发生，可能还有侥幸心理。这只是知与行交叉而非合一，离真知、真行还远。

在生活中，知之不详、行之不坚可说是一种普遍现象。例如，人人都知道"一分辛苦一分才"，但说归说，做归做，真正愿意付出辛苦的人并不多，更多的人宁愿轻轻松松发财、轻轻松松成就事业。假如切身体会到了"一分辛苦一分才"的道理，一定会勤于学习、工作和思考，一定会凭真才实干追求当得之利，而不会投机取巧，贪求意外收获。为什么呢？因为他在学习、工作和思考的过程中，充分享受到了辛苦所带来的充实和愉悦，于是，勤奋变成了他的一种切身需要，此时，他才是真知、真行，到达了"知行合一"的境地。

还有的时候，真知，真行，知行合一了，但呈现出来的形态却好像知而不行或行而不知。谭嗣同参与变法失败，明知清政府会加害于他，却坐待屠戮，不像其他人那样出国避难，岂非知而不行？松下幸之助从未学过管理公司，却尝试着办起了自己的公司，尝试着去做各种他原本不懂的工作，岂非行而不知？其实，勇敢的承担和积极的尝试，都是真正的知行合一。谭嗣同知道变法一定会"流血"，一定要有勇于牺牲的人，他心甘情愿地献出了自己宝贵的生命，难道不是真知、真行吗？松下幸之助知道自己不知道，也知道通过尝试可以变不知为知，并且这样做了，岂不是知行合一？

王阳明又说："古人所以既说一个知又说一个行者，只为世间有一种人，懵懵懂懂的任意去做，全不解思维省察，也只是个冥行妄作，所以必说个知，方才行得是；又有一种人，茫茫荡荡悬空去思索，全不肯着实躬行，也只是个揣摸影响，所以必说一个行，方才知得真。此是古人不得已补偏救弊的说话，若见得这个意时，即一言而足，今人却就将知行分作两件去做，以为必先知了然后能行，我如今且去讲习讨论做知的工夫，待知得真了方去做行的工夫，故遂终身不行，亦遂终身不知。此不是小病痛，其来已非一日矣。某今说个知行合一，正是对病的药。"

真知才能真行，而真知只能从真行中获得，所以知行必须合一，否则一定不会有真知、真行，这是王阳明的逻辑。现代人讲"实践是检验真理的唯一标准"，跟王阳明的意旨相近，却有细微的差别。的确，真理必经实践检验，才能认定为真理。但在王阳明这儿，似乎不存在什么普遍的真理，只有自心感受的真理。你从别人那儿听到的、看到的某个"真理"，只是别人的"真理"，不是你的"真理"。你只有亲自尝试过，对它心领神会、运用自如了，它才变成了你的"真理"。

跟王阳明学绝学："知行合一"的核心在于：积极投身实践。

增进工夫的良方

【王阳明语录】

日间工夫，觉纷扰则静坐，觉懒看书则且看书，是亦因病而药。
——《知行录》

【语录精解】

日常的工夫，如果觉得心情烦乱便静坐，觉得懒于看书便坚持看书，这也是对症下药。

王阳明所说的"工夫"，从"心"开始——修炼心性，培养心智，增强心能，改善心态。人最难对付的，其实也是自己这颗心，你想让它静下来，它反倒杂念纷呈、奔腾不息；你想让它快乐起来，它反倒郁郁寡欢、闷闷不乐。把心调理好了，工夫也精纯了。

修心的方法很多，王阳明所说的"觉纷扰则静坐，觉懒看书则且看书"便是一法：

当你心情烦乱时，往往一做事就犯错，一说话就"犯浑"，好像醉汉一样，自控能力很差，那就不如静坐、安卧，什么都不说，什么都不做，浪费时间，胜于花时间犯错。

当你心情懒散的时候，做什么事都提不起精神，待着不动不是办法，一定要让自己动起来。人往往按惯性生活，懒成惯性就会一直懒下去。强迫自己动起来，一旦形成了动的惯性，也能保持行动的热情。

有这么一个故事：一个年轻人，每天无精打采，对任何事都不感兴趣。他的口头禅是：没劲！他意识到这样不好，就去向一位智者请教"活得有劲"的良方。

　　智者领着年轻人，来到附近的铁路旁边。那儿停着一辆老式蒸汽火车头。智者将一块约有五英寸见方的小木块塞在车轮与铁轨之间，然后朝火车司机挥挥手，示意他启动火车头。只听得气笛声声响起，烟囱冒出浓浓的白烟，火车头却不能移动分毫。这时，智者又走过去，将塞住车轮的木块取下，火车头就动了起来，缓缓加速前进。智者目送火车头走远，然后转过头来，笑着对年轻人说："这辆机车在铁轨上全速前进时，时速可以达到100公里以上，加上它本身的重量，就连一堵5英尺厚的实心砖墙，都无法挡住它。可是，当它静止时，一小块木头就能让它寸步难移。年轻人，你内心的蒸汽火车头，又是被什么样的小木块阻住了呢？"年轻人深受震撼。从此，他积极行动，不让自己松懈下来。结果，他不仅克服了惰性，心情变得开朗起来，事业也取得了长足进步。

　　每个人都有过"没劲"的时候，让自己"有劲"的办法是克服一时惰性，让自己动起来，不愿看书就逼着自己看书，不愿做事就逼着自己做事，只要一逼，懒病就医好了。

　　王阳明还讲过一个修心的方法。有一次，一个学生向他请教"上达工夫"，他回答说："夫目可得见，耳可得闻，口可得言，心可得思者，皆下学也；目不可得见，耳不可得闻，口不可得言，心不可得思者，上达也。如木之栽培灌溉，是下学也；至于日夜之所息，条达畅茂，乃是上达，人安能预其力哉？故凡可用功可告语者皆下学，上达只在下学里。凡圣人所说，虽极精微，俱是下学。学者只从下学里用功，自然上达去，不必别寻个上达的工夫。"

　　"圣人所说"为什么是"下学"呢？这取决于你的悟性。圣人讲得再好，你一知半解，得到的只是下等学问；你把圣人的话背得滚瓜烂熟，工夫还是很差。当你心领神会、运用自如了，才是"上达工夫"。做工夫只能循序渐进，一点一点提高，你学"圣人之说"或别的工夫，自然会受到有益的熏陶，时间长了，自然融会贯通，心性、心智、心

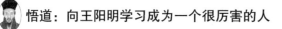

能、心态都会得到改善，"上达工夫"便练成了。

王阳明的修心之方，很大程度上借鉴了佛家的经验，佛家所谓修"戒，定，慧"，修的都是心。王阳明追求的"不动心"，即是佛家所谓"定力"。《顿悟入道要门论》上说："定者，对境无心，八风不能动。八风者，利、衰、毁、誉、称、讥、苦、乐是。若得如是定者，虽是凡夫，即入佛位。"用通俗的说法，就是荣辱得失不存于心，喜怒哀乐不形于色，能做到这点，凡人也可成佛。

佛家的重要经典《金刚经》中，也介绍了一个修心的方法，似乎比王阳明所讲的方法更高明、更简便！

那是在一次法会上，须菩提向佛祖释迦牟尼请教如何"降伏其心"，佛祖说："汝今谛听，当为汝说。善男子，善女人，发阿耨多罗三藐三菩提心，应如是住，如是降伏其心。唯然！""阿耨多罗三藐三菩提"是梵语音译，意为"无上正等正觉"，通俗的说法是"大彻大悟"。佛祖这段话的意思是：你听好了，我给你说，善男子、善女人们，你们既然发心向佛，应该这样安住自己的心，这样降伏自己的心。就是这样！

佛祖说应该这样，究竟应该怎样呢？他好像什么都没说，其实什么都说了。当佛祖介绍方法时，须菩提和其他信众为了得到秘诀，自然会凝神静听，当他们凝神静听时，心自然安住了，降伏了。

跟王阳明学绝学：你只要将注意力集中到一件你很感兴趣的事情上，你的心就被降伏了，种种烦乱的情绪也不会跟你捣乱了。

见善即迁，有过即改

【王阳明语录】

吾辈今日用功，只是要为善之心真切。此心真切，见善即迁，有过即改，方是真切工夫。如此则人欲日消，天理日明。若只管求光景，说效验，却是助长外驰病痛，不是工夫。——《知行录》

【语录精解】

我们今天做工夫，只是为了让善心真切。当善心真切时，看见好的就学习，有了过错就改正，才是真正工夫。如此则人欲一天天消减，天理一天天明朗。如果只求表面光景，夸耀自己的好处，不过是助长追求形式的毛病，不是真工夫。

儒门以"仁"为第一德，王阳明是大儒，继承了"仁"这一根本宗旨，以"为善"为立身处世做学问的基本修养，工夫真不真，先看"为善之心"真不真切。如果只是用学问为自己脸上贴金，只是凭本事求取财利权势，那是没工夫的人，不足为论。

见善即迁，有过即改，是儒门做工夫的基本方法，其重要性甚至超过读书。儒门老祖孔子诲尔谆谆，不厌其烦地谈到这个问题，并被其弟子记录在《论语》中——

孔子说："三人行，必有我师焉。择其善者而从之，其不善者而改之。"孔子少年时就去鲁国贵族季孙氏家打工，可想而知学历并不高，他的学问主要来源于以人为师、多方求学，而求学的主要方法则是见善而从、见不善而改。

孔子说："多闻，择其善者而从之，多见而识之，知之次也。"多听多看，将别人的长处变成自己的优点，工夫自然增长了。

孔子说："见善如不及，见不善如探汤。"看见别人做得好的，就马上学习，只怕自己赶不上；看见别人做得不好的，就像看见沸腾的滚汤一样，碰都不敢碰一下。有这样清醒的是非判断，工夫已经很深了。

孔子说："德之不修，学之不讲，闻义不能徙，不善不能改，是吾忧也。"担心自己见善而不能从，有过而不能改，到了这种境地，工夫已经很真切了，"为善之心"已经融入灵魂深处，成了基本素养。

相对来说，学习别人的长处比较容易，改正自己的过错比较难。为什么呢？只要人不太傻，就能认识到，"择善而从"可以增进自己的工夫，何乐而不为？反之，无论聪明人还是傻瓜，都不太容易承认自己的过错，更谈不上改过。孔子说："吾未见能见其过而内自讼者也。"犯了错而能自我反省的人，不可能一个都没有，但肯定少之又少，为什么呢？心理学认为，人一旦形成某个"意见"，便倾向于认为它是正确的，并固执地维护它，即使按这个"意见"做错了，要么认为自己没错，要么认为错得有理。还有一种人，文过饰非，试图用言语将错误包装成正确。子夏说："小人之过也必文。"小人犯了错，一定会百般狡辩，用漂亮的话进行粉饰，有时甚至知法犯法、知错犯错，并且不以为耻、反以为荣。

儒门做的是"上达工夫"，即站在人性的原点，努力防止道德下滑而变成小人，同时努力向上，由普通人变成君子，由君子变成大人，由大人变成圣人。圣人是最高目标，不一定真的达到，却是学者们引路的明灯。君子是孔子推崇的具有完美德性的人，做工夫做到君子的分上，已经很成功了。

君子有一个基本特点：改过从善。子贡说："君子之过也，如日月之食焉：过也，人皆见之；更也，人皆仰之。"君子也会犯错，但他对自己的过错从不藏着掖着，像日食、月食一样，人人看得到；一且他改正了，别人也不会降低对他的评价，反倒更加推崇他。

子贡是孔子十大弟子之一，做过大官，发过大财，享过大名，当时的名声远超孔子。在做人方面，他也是一个有过即改的人。有一次，他远行去承地，途中看见一个穿着破衣烂衫的人，以为是个乞丐，便停下车，站在车上问："从这儿到承地还有多远？"

此人名叫丹绰，是个贤士，见他礼仪不周，默不作答。

子贡说："人家问你话，你却不回答，是否失礼？"

丹绰掀开身上裹着的破布，说："对别人心存轻视之意，是否有失厚道？看见别人却不认识，是否有欠聪明？无故轻视侮辱别人，是否有伤道义？"

子贡一听此人出言不凡，顿时心生敬意，马上下车，恭敬地说："我确实失礼了！您刚才指出了我三大过失，还可以再告诉我一些吗？"

丹绰说："这些对你已经足够了，不用再告诉你了。"

此后，子贡对任何人都不再敢起轻视之心，在路上遇到两人以上，就在车上行礼；遇到五人以上，就下车行礼。

子贡偶尔对人失了一次礼，受到批评，并不狡辩，更不争执，立即承认错误，并且一改到底，从此再也不犯类似的错误，真有"不迁怒，不贰过"的君子之风！

王阳明也有古君子之风，改过从善的精神也很真切。他担任刑部云南司主事期间，有一次，趁工作之便，去游览九华山，访问了许多名人隐士。在化城寺，他结识了实庵和尚，此僧生得仪表堂堂，能诗善画，学识渊博，王阳明一见倾心，当即与实庵结为诗友，并为实庵的画像题词一首："从来不见光闪闪气象，也不知圆陀陀模样，翠竹黄花，说什么蓬莱方丈，看那九华山地藏王好儿孙，又生个实庵和尚。噫！哪些妙处？丹青莫状。"

九华山还有个道士蔡蓬头，王阳明听说他道行极深，马上来了兴趣，想找他谈仙论道。蔡蓬头对王阳明却不理不睬，好像没看见一样。王阳明并不生气，非常谦虚地请教。蔡蓬头不为所动，

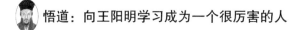

只说两个字："尚未！"然后起身，走到后厅去了。王阳明不甘心，跟在后面，继续追问。蔡蓬头还是说："尚未！"

王阳明不肯罢休，放下官架子，像个小学生一样，继续请教。蔡蓬头见他有诚心，终于愿意点拨他一下："你虽以隆重的礼节待我，终究还是一副官相。"说罢，一笑而别。

王阳明听了，不觉一呆，反思自己的心态与言行，虽然表面上礼仪周到、不耻下问，心里终究有个"官"字，有高人一等的优越感。外谦内傲，表里不一，诚意何在？那么他的礼仪，岂不是伪饰工夫？他一旦意识到这一点，心里的障碍顿除，变得平实多了。此后，他待人接物，平易近人，再无"官味"；他认为人人可以为圣，等于承认自己不比任何人高明。

跟王阳明学绝学：有些过错别人可以看到，有些过错藏在自己心里，高人可以一眼看破，普通人也可能感觉到。所谓改过从善，固然要改那些显而易见的过失，但最重要的是改掉隐藏在内心的过失。能够像王阳明一样，将心里的隐性过失"搜检"出来，一一加以改善，工夫就很"真切"了！

增进学问智慧的路径

【王阳明语录】

夫学、问、思、辨、行，皆所以为学，未有学而不行者也。如言学孝，则必服劳奉养，躬行孝道，然后谓之学，岂徒悬空口耳讲说，而遂可以谓之学孝乎？学射则必张弓挟矢，引满中的；学书则必伸纸执笔，操觚染翰；尽天下之学，无有不行而可以言学者，则学之始固已即是行矣。——《知行录》

【语录精解】

所谓博学、审问、慎思、明辨、笃行，都是为学的方法，没有只学习而不践行的。比如说学孝，一定要服侍、奉养父母，亲身履行孝道，然后才称得上学孝，岂止是凭空口讲耳闻，就可以算是学孝呢？学射一定要张弓搭箭，拉满弓弦，命中目标；学书法一定要铺纸执笔，持砚着墨。无论天下何事，没有不践行就可以称之为学习的，因为学有所成的条件是践行。

王阳明认为，实践是学习的开始。此说本自孔子，孔子授六艺：诗、书、礼、乐、射、御，都不离实践，学诗必定会创作诗歌，学书必定会练习书法，学礼必定会运用礼仪，学乐必定会弹琴奏乐，学射必定会张弓搭箭，学御必定会驱马驾车，没有一项不是"知行合一"。有一次，孔子在陈国带着弟子在一棵大树下习礼，进退揖让，一丝不苟，却被歧视他们的人拔掉了大树。孔子不以为意，仍带着弟子习礼不止。此事可以从一个侧面看出孔子实践化教学的方法。

　　王阳明重视践行，自然推崇孔子学用相长的教育方法。《中庸》概括了为学的基本流程——"博学之，审问之，慎思之，明辨之，笃行之"，对此，王阳明认为，学、问、思、辨、行都是为学，又都是笃行，由学至行，本无间隙。他说："盖学之不能以无疑，则有问，问即学也，即行也；又不能无疑，则有思，思即学也，即行也；又不能无疑，则有辨，辨即学也，即行也。辨既明矣。思既慎矣，问既审矣，学既能矣，又从而不息其功焉，斯之谓笃行。非谓学、问、思、辨之后而始措之于行也。是故以求能其事而言谓之学；以求解其惑而言谓之问；以求通其说而言谓之思；以求精其察而言谓之辨；以求履其实而言谓之行；盖析其功而言则有五，合其事而言则一而已……是故知不行之不可以为学，则知不行之不可以为穷理矣；知不行之不可以为穷理，则知知行之合一并进，而不可以分为两节事矣。"

　　王阳明在教学活动中，从不搞灌输式教育。他创办的第一个教育机构是龙冈书院，尽管该书院远在云南的龙场，十分偏僻，慕名前来求学的人仍然很多。他运用开放式教学法，经常跟学生们一起骑马、投壶、弹琴、饮酒，晚上在一起神聊，清晨一起到林间漫步，不失时机地指点为学的要诀。有时跟学生们一起下河洗澡，然后迎着轻风，唱着歌儿，兴尽而归。

　　但王阳明并不是跟学生们闹着玩儿，他有自己的四大教学宗旨，不合宗旨的人，根本不配当他的学生：

　　第一是"立志"。没有远大的理想，只想混一个饭碗的人，没有资格学"心学"。"心学"也可以说是善良之学，小善要做"善君子"，使"父母爱之，兄弟悦之，宗族乡党敬信之"，大善要"兼济天下"，造福百姓。王阳明这儿没有饭碗，只有真善美，你想要就来，不想要就算了。

　　第二是"勤学"。笃志力行，勤学好问，是王阳明的基本心法。

　　第三是"改过"，这一条前面已经谈过了，不再赘述。

　　第四是"责善"。不仅要追求自我成长，也要帮助他人成长。对他人的过错，要善意提醒，但不要诋毁指摘，以免激起怨恨。孔子说："忠告而善道之，不可则止，毋自辱焉。"意思是说，帮人改过要适可而止，对方听不进去就算了，不要自取其辱。王阳明大体赞成这一观点，不过更强调"忠告善道"，要求做到"直而不至于犯，婉而不至于隐"。而且，他还强调："诸生责善，当自我始。"先找自己的不足，别一门心思挑别人的毛病。

改过和责善，相当于"批评与自我批评"，以自我批评为主，只有勇于自我批评的人，才有资格批评他人，才让被批评者信服。

跟王阳明学绝学：王阳明创造性地融学、问、思、辨、行为一体，将学与行视为一个不可分割的过程，指出了一条增进学问智慧的便捷路径，也为未来教育模式的改革指示了方向。总有一天，学和行会从两件事变成一件事。

❧ 拔去病根，永不复起 ❧

【王阳明语录】

无事时将好色好货好名等私逐一追究，搜寻出来，定要拔去病根，永不复起，方始为快。——《知行录》

【语录精解】

没事的时候，将喜爱美色、喜爱财货、喜爱名声等私欲一条条追究，搜寻出来，一定要拔去"病根"，让它们永不复起，内心才快活。

王阳明所说的"拔去病根，永不复起"，是比较高的工夫，接近君子水平了，非一般人所能。好比读书，到了知道自己"搜寻"，不需要老师指指点点、耳提面命，至少已经读到硕士了。但读书不宜从硕士读起，做工夫也不用一开始就到"永不复起"这一步。

王阳明对为学做工夫，主张循序渐进、由浅入深。他说："教人为学，不可执一偏：初学时心猿意马，拴缚不定，其所思虑多是人欲一边，故且教之静坐、息思虑。久之，俟其心意稍定，只悬空静守如槁木死灰，亦无用，须教他省察克治。省察克治之功，则无时而可间，如去盗贼，须有个扫除廓清之意。无事时将好色好货好名等私逐一追究，搜寻出来，定要拔去病根，永不复起，方始为快。常如猫之捕鼠，一眼看着，一耳听着，才有一念萌动，即与克去，斩钉截铁，不可姑容与他方便，不可窝藏，不可放他出路，方是真实用功，方能扫除廓清。到得无私可克，自有端拱时在。虽曰'何思何虑'，非初学时事。初学必须思省察克治，即是思诚，只思一个天理。到得天理纯全，便是何思何虑矣。"

在此，王阳明指出了"练功"的"三部曲"：

第一步：静心。没有工夫的人，"心猿意马"——心像树上的猴子一样跳跃不停，意念像奔驰的马一样匆忙急骤。每天欲念纷呈，没有片刻停歇，想钱想权想爱情。不管做什么事，都从利心出发思考——这对我有什么好处？例如许多大学生，坐在知识的圣殿，本该一门心思做学问、长本事，却抑制不住私欲，不停地怀疑：学这个有什么用呢？其潜台词是：学了能让我找到好工作吗？学了能让我赚到大钱吗？心里装满了这些俗不可耐的杂物，哪里还能装得下知识、美德、快乐、幸福和爱？

对这种工夫很差的人，首先要将他们已经塞得太满的心清空一些，不然什么都装不进去，所以要教之以"静坐""息思虑"。有一句话说得好：放下就是快乐。当做工夫的人将那些乱七八糟的想法暂时放下时，心里自然倍感轻松、快活，当他体验到放下之妙，以后自然乐意主动放下，于是，初步工夫就练成了。

王阳明的"静坐""息思虑"的教学法，来自于道、佛的打坐静修，很有科学性。

第二步：净心。一个人拥有了初级工夫，体会到了静心之妙，可能走向"心猿意马"的反面，凡事抛诸脑后，什么都懒得去想，一味图安闲。但是，人长着一颗脑袋，本该用于思考，什么都不想，不是白长一颗头了吗？所以要练第二步工夫：清除不干净的思想。

人应该有思想，但不健康的思想对人有害，一般来说，凡"好色好货好名"之类带着私欲的思想都不太健康，是"致病"之源，有必要"搜寻出来"，驱逐出境。

有人会说，"食色性也"，这是人的基本需求，"好色好货"有什么要紧呢？又怎么可能将"好色好货"之心驱逐呢？其实，王阳明的教理并不是让人违逆天性、做个无欲之人，他自己不是也娶妻、拿俸禄吗？他的逻辑是：你只要安心做好工作，自然有钱赚、有饭吃，

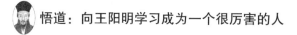
你只要品行端正、心中有爱，自然有人爱你，都不用去瞎想。简单说，你只要专心致志做工夫，并且"知行合一"，随时把工夫亮出来，不用有私欲，自然能满足。

第三步：无心。一个人体会到了净心之妙，自然身心畅达、事业通达，难得有不顺心的事。如果继续修炼，修到无心而作的境地，那么，用不着刻意去做什么、不做什么，可以从心所欲，随意趣所指，从地上捡起一片树叶，像儿童一样趴在地上看蚂蚁，都会感到妙趣横生。到了此时，私欲已经成了无用之物，心境自然"廓然大公"。

这已经是圣贤境界了！

那些工夫很差的人，往往"以小人之心度君子之腹"，认为一个人不可能真的"大公无私"。事实上，每一个人在某些时候，都能做到"大公无私"，随兴趣做事，心中没有任何名利的尘埃。此时，你的心境跟圣人没有两样，只不过，你这个圣人工夫不深，一旦受到外界的刺激、诱惑，圣人马上变成小人，成了"心魔"的俘虏。所以说，每个人天然具有圣人潜质，圣人之路却要靠做工夫。

对公与私，不少人有一种误解，以为"大公无私"便是放弃一切私利和私人享乐。事实上，大公无私的只是一颗心，以及由心而发的行为。举一个例子：

有一次，楚国令尹虞邱子遇到了孙叔敖，顿起爱才之心，于是向楚庄王进谏说："我听说，奉公守法，可以得到名誉；能力不强，行为不端，不要冀望高位；没有仁爱、智慧，不要追求显贵荣耀；才不胜任，不要占据那个位置。我当令尹十年了，国家没有治理好，官司诉讼每日不断，隐居的贤士没有得到任用，作恶的坏人没有受到惩罚。我久居高位，挡住了众多贤士进取的道路。我的罪过应该送交司法部门严加审理。日前我私自选中一个国家俊才，是一位乡下人，名叫孙叔敖。此人相貌清秀，博学多才，个性沉静，心地纯朴。如果您将政事交给他，国家一定可以得到治理，老百姓也会人心归服。"

楚庄王一向敬重虞邱子，拒绝说："全靠您的帮助，我才在中原受到拥戴，边远地区才听我的号令，我才获得了霸主地位。没有您怎么行呢？"

虞邱子说："长久享受高官厚禄，是贪婪的行为；不推荐能人志士，是欺骗的行为；不让位于贤，是不高尚的行为。做不到上面三条，是不忠诚的行为。做臣子的不忠心，您又如何教人尽忠呢？我坚决要求辞职。"

由于虞邱子态度坚决，楚庄王同意了他的辞职请求，赏赐给他三百户土地，并尊他为"老"。楚庄王任命孙叔敖为令尹不久，虞邱子的家人犯法，孙叔敖把犯法者抓起来杀掉了。虞邱子很高兴，求见楚庄王说："我向您举荐孙叔敖，果真可以让他主持国家政事。他执行国法不偏心，施加刑罚不徇私，真可谓公平！"

楚庄王感激地说："这也是您的功劳啊！"

在这个故事中，虞邱子主动让出了令尹高位，同时接受了三百户封地和国老的封号，那他到底有私还是无私呢？事实上，他从公众利益出发而主动让贤，他按国家制度接受私利，无论哪方面都可称得上"大公无私"，又哪有一分私欲的计较？他不庇护犯法的家人，更见其"大公无私"。

跟王阳明学绝学：任何人只要立定志向，勤于进修，都可能像圣贤一样"心理健康"。

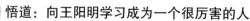

常快活便是工夫

【王阳明语录】

乐是心之本体。仁人之心，以天地万物为一体，欣合和畅，原无间隔。——《静心录》

【语录精解】

真乐是心的本体，仁者的心，与天地万物融为一体，欣快和畅，原本没有缝隙。

王阳明说，"乐是心之本体"，用现代汉语解释：幸福是人类的本质追求。

王阳明所谓"乐"，有两层意思：

一是"孔颜之乐"，即"真乐"，用现代汉语解释，"幸福"一词比较恰当。

每个人都追求幸福，但幸福却不能被自求多福的人享有。幸福来源于"良知"，来源于"仁"，或者说"爱人"，你爱别人才有幸福可言。你爱全人类，让自己的心"以天地万物为一体"，你就能获得最大的幸福。

对幸福的认识，古今中外的智者们看法是一致的：

左拉说："每一个人可能的最大幸福存在于全体人所实现的最大幸福之中。"你想获得最大幸福，就要以造福人类为目标。最大的幸福一定不会产生于物质的拥有，古代的皇帝拥有天下，可能享受到最大幸福吗？不可能！就物质享受来说，没有哪个古代皇帝坐过飞机、用过手机、玩过电脑，他们那点享受跟现代人一比，太可怜了！所以，享受生活的最佳途径依赖于社会的整体进步，而不是成为那个拥有最多的人。而当你投身于社会的整体进步时，你也能通过最大限度实现人生价值而获得最大幸福。

穆尼尔·纳素夫说："真正的幸福只有当你真实地认识到人生的价值时，才能体会到。"认识人生价值的途径是为社会创造价值，不然如何认识呢？凭想象不可能认识自己是真金白银还是废铜烂铁。

肖伯纳说："正像我们无权只享受财富而不创造财富一样，我们也无权只享受幸福而不创造幸福。"肖伯纳创作了许多优秀作品，为全世界无数读者创造了幸福，因此他的人生也充满了幸福。

森村诚一说："幸福越与人共享，它的价值越增加。"你让越多的人分享到你的价值，你的幸福感越强烈；你"拔一毛以利天下而不为"，不可能享受到幸福的滋味。

以上智者一定都像王阳明一样，享受过真正的幸福，因此他们都知道幸福来自何方，如何享有。反之，许多"以自我为中心"的愚人，从没有真正爱过别人，也没有品尝过幸福的滋味，他们宁可相信"人不为己，天诛地灭"，根本不相信最大的幸福存在于"全心全意为人民服务"中。

二是"快活"，或曰快乐。

每个人都有过快乐的时光，"常快活"却不容易。王阳明提倡做"活泼"的工夫，保持心灵快乐也是工夫之一。有一次，他的一个学生病了，他去探病时，问："病这种东西很难'格'，你觉得如何？"学生说："这个工夫很难。"王阳明说："常快活便是工夫。"

的确，一个人如果能"常快活"，一定是个"工夫高手"，佛家说："快乐无忧，故名为佛。"偶尔的快活易得，常快活却不是一般的境界。试想，"天下不如意事常八九"，不愁吃穿的人，又愁房、车；不愁房、车的人，又愁爱情；不愁爱情的人，又为孩子不听话犯

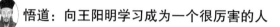

愁；不愁孩子的人，又为工作压力难受；不愁工作压力的人，又为事业失败担心；不担心事业失败的人，又愁未来远景……什么都称心如意的人，又担心突然死掉，还没享受够。总之，无论你贫富贵贱，若无修心工夫，快活一时尚且难求，更何况"常快乐"？

如何保持常快活呢？王阳明认为，应该用平常心看待一切、享受一切。他曾写过一首诗，道出了平常心之妙：

闲观物态皆生意，静悟天机入宵冥；
道在险夷随地乐，心忘鱼鸟自流形。

诗中之意，不要区分环境的好坏，不要区分人情世态的好事，只须让心融入环境中，享受眼前的乐趣。此意或许难解，不妨举一个"工夫高手"的例子：

一天，著名教育家夏丏尊去拜访弘一大师，吃饭时，见他只吃一道咸菜，颇不忍心，说："难道您不觉得咸菜太咸吗？"

弘一大师回答："咸有咸滋味！"

弘一大师吃完饭后，手里端着一杯白开水。夏先生又皱皱眉头说："难道没有茶叶吗？怎么每天都喝这寡淡的开水啊？"

弘一大师笑笑说："淡有淡滋味。"

在很多人看来，弘一大师的日子过得很苦，吃咸菜、喝白开水，怎么受得了？但弘一大师以平常心待之，不去区分滋味的好坏，自然吃得津津有味。

其实，生活中的酸甜苦辣、喜怒哀乐，都是一种滋味，该品尝时便品尝，有什么关系呢？一个从未尝过苦的人，不是少了一份体验吗？一个从未尝过烦恼、痛苦的人，不是少了一份阅历吗？

跟王阳明学绝学：正是各种各样的"滋味"，使你的生命变得丰富起来，有什么不可接受的呢？想通了这个问题，你的工夫就精进了一层，快活的日子自然会多起来。

做学问如果只是装了一脑门子知识，口讲言说，于身心上无所滋养，那好比摆书摊、卖旧书，能有几分进益？做学问而能润泽心灵、美化言行，是真学问。

第三章
王阳明的学问绝学

要做切己的学问

【王阳明语录】

为学之要，只在着实操存，密切体认，自己身心上理会。切忌轻自表暴，引惹外人辩论，枉费酬应，分却向里工夫。——《知行录》

【语录精解】

做学问的要点，在于认真学习和实践，切实探求真知，追求切身的学养。切忌轻易炫耀才华，招来外人的争辩，为酬接应付浪费时间，分散增进学养的精力，一个悟道的人，往往不屑于卷入无聊的争辩中，那不过是浪费时间，白费力气，根本不可能争出真知，辩出道理。

王阳明少年求学，四十岁时，在龙场顿然悟道，那是一个夏夜，他忽然从石床上一跃而起，欣喜若狂地大呼道："圣人之道，吾性自足，不假外求。"那一刻，非常奇妙的，像电脑自动整理文档一样，他头脑中的知识、经验、见解自动排序，形成了他独到的思想，他的"心学"正式形成体系。

于是，他也知道了"为学之要"以及辩论的毫无意义。

一个悟道的人能清醒地判断：什么是重要的或不重要的，什么是有价值的和没有价值的，什么是真实的和虚假的，什么是有可能把握的和暂时不可能把握的，那都是客观存在，你或者能看见，或者看不见，用不着争论，如果需要争论，只能说明双方都看不见。

吃到肚子里的不一定是营养，滋养身心的才是营养；赚到手的不一定是钱，花出去让自己身心快乐的才是钱。同样的道理，讲得条条是道的不一定是学问，对身心事业有所补益的才是学问。所以，一个悟道的人，不事虚言，只求实在。王阳明非常清楚这一点，所以他指导学生们"着实操存，密切体认，自己身心上理会"，因为这才是悟道的可能途径。

但是，不要争论，不等于不要沟通，人与人之间的真情实感，以及各自掌握的真实情况、真知灼见，都有必要通过沟通彼此分享，相互补益。沟通有无效沟通和有效沟通之分，对方拒不接受或无法理解你的话，沟通便无效，如果对方竟至于要跟你争论，沟通不仅无效，反倒有副作用。对方欣然跟你交换意见，互通有无，沟通的效率就很高了。一个聪明人，积极沟通，但只进行有效沟通而回避无效沟通。孔子说："可与言而不与之言，失人；不可与言而与之言，失言。知者不失人，亦不失言。"大意是：可以对某人说那些话而不说，等于失人；不可以对某人说那些话，你管不住嘴巴，等于失言。智者既不会失人，也不会失言。

王阳明是智者，也偶有失言的时候。有一次，他陪几个老儒谈了半天，毫无效用，最后客客气气地将老儒送走，回来坐在椅子上，面有忧色，半晌无言。弟子钱德洪过来询问他们的交谈情况，王阳明说："方圆凿枘，格格不入，圣道本来坦易，世上的俗儒自加荒塞，终身陷于荆棘场中而不悔，我不知怎么说好啊！"

一般而言，工夫很差的人，往往喜欢争论，他们并不太在意自己所讲的是否真的正确，但一定要在争论中获胜。你说南方比较暖和，他一定会说北方比较暖和，因为北方人烧暖气。下回你顺着他的意思，说北方人比较不挨冻，他又说北方人冻得厉害，而且也能讲出一大套道理。总之他并不太在意事实和逻辑，只想在争论中获胜。这是为什么呢？工夫很差的人，往往缺乏真正的自信，需要得到别人的肯定才敢相信自己真有本事、真有学问，在争论中获胜是他们获得肯定的一种重要方式，一旦争论失败自信心会受到严重挫伤。他们就像盲人摸象中那些瞎子，摸到一只耳朵，就说大象像一把扇子；摸到一条大腿，就说大象像一根柱子，摸到鼻子，说大象像一条蛇；摸到肚子，说大象像一堵墙，然后，坚持认为自己是对的，并且争论不休。其实他们心里隐隐约约知道，自己所知有限，也许不明真相，只是不敢承认而已。假设他们真的清楚了大象的全貌，又何须争论呢？

王阳明深知争论的毫无意义，所以他指导学生"切忌轻自表暴，引惹外人辩论"。俗话说"树欲静而风不止"，你无意争论，只是想发表一点见解，但别人喜欢争论，偏要跟你理论一番，你想躲都躲不开，不如少发表一点意见，麻烦少多了。

假设遇到了一个喜欢争论的人，该怎么办呢？以前，耶稣曾经告诉过人们一个圆通的方法："赶快赞同你的反对者。"对喜欢喋喋不休的争论者，脱身的最好方法是一句"你是对的"。这不是虚伪，而是承认事实。我们每个人对世间事都一知半解，正如一位西方哲人所说："我们不是看到事实，我们只是对看到的东西加以解释并称之为事实。"正因为大家都没有看到事实，所以，"对世界上任何事情，都有两个以上的观点存在"。也可以说，我们每个人都是盲人摸象中的那个盲人。当那个盲人说大象像一把扇子时，有一定正确性，即使错了，也错得有理。所以，你可以对他说：你是对的。然后，从争论中抽身而出，花更多时间去摸那只大象，以便知道得更多。

跟王阳明学绝学：悟道和未悟道的差别在于：悟道者知道自己是"盲人"，未悟道者一辈子都不知道自己是盲人。两者的差距只是一丝缝隙，连一根头发都放不下，境界却有天壤之别！

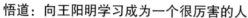

学小技，通大道

【王阳明语录】

"虽小道，必有可观"，如虚无、权谋、术数、技能之学，非不可超脱世情，若能于本体上得所悟入，俱可通入精妙。但其意有所着，欲以之治天下国家，便不能通，故君子不用。——《知行录》

【语录精解】

"虽小道，必有可观"，例如虚无、权谋、术数、技能之类的学问，并非不能超脱世情，如果能从良知上悟入，都可通达神妙境界。但其指向比较单一，想用它们来治理天下国家，就行不通，所以君子不用它们。

孔子门下的著名弟子子夏曾说："虽小道，必有可观者焉；致远恐泥，是以君子不为也。"意思是说：即使那些小技巧，也有值得一学的地方；为了追求远大目标，恐怕耽误在那些小术中，所以君子不愿学它们。

子夏这句话，耽误了后世许多读书人。

王阳明对子夏这句话作出了新的解释："小道"如果契入良知，也可"通入精妙"，只是专业化比较明显，用来治理天下国家是远远不够的，所以"君子不用"。

王阳明的"君子不用"或许跟孔子的"君子不器"含意相同，儒家的志向是"治国平天下"，所以必须成为领导人才，站在领导角度看，孔子或王阳明的结论是正确的，优秀领导往往是"复合型人才"而非"专业人才"。想成为"复合型人才"，后儒所走的路径就错了，排斥其他学问，一门心思钻研儒学，专业化不是太明显了吗？到了明清，读书人甚至专攻八股文章，"专"得可怜，也狭隘得可怜。

王阳明本人是一个"复合型人才"，儒、道、佛无不精研，诗文、武艺无不通晓，"兵家秘籍莫不精究"，难能可贵的是，无论学任何"小道"，他都不是浅尝辄止，一定会下苦工夫，精通其道。他学书法时，"耗纸数箱，书艺大进"；他学诗时，不仅遍览古诗词，经常与人诗作酬和，入仕前还在老家余姚组织了一个龙泉山诗社，集结了许多诗人、学者共探诗艺。不过，王阳明志在"治国平天下"，所以他遍学"小道"，却未迷恋在任何"小道"中。他曾写过一首诗，可见他对"小道"的清醒认识：

> 学诗须学古，脱俗去陈言。
> 譬若千丈木，勿为藤蔓缠。
> 又如昆仑派，一泻成大川。
> 人言古今异，此语皆虚传。
> 吾苟得其意，今古何异焉？
> 子才良可进，望汝师圣贤。
> 学文乃余事，聊云子所偏。

所谓"学文乃余事"，上承孔子"弟子入则孝，出则弟，谨而信，泛爱众，而亲仁。行有余力，则以学文"之意旨，跟做人做事相比，"学文"只是"小道"，有时间可以玩一下，没时间不玩也没什么要紧。

事实上，"小道"或"大道"，只是相对而言，关键看你确定的是怎样的人生志向，没有志向的人无所谓"小道""大道"，一旦你立定志向，你就知道什么才是你最重要的事，并且不被次要的事所缠缚。

有一个禅宗故事：慧远禅师年轻时喜欢四处云游，有一次，他遇到一位嗜烟的人，同行了很长一段山路，坐在河边休息，那人给了慧远一袋烟，慧远尝过后觉得味道很好，那人便送给他一根烟管和一些烟草。两人分手后，慧远心想：这个东西令人十分舒服，肯定会打扰我的禅修，还是趁早戒掉吧！于是就把烟管和烟草都扔掉了。

后来，他又迷上了《易经》，并且能用《易经》卜卦，卜得很准。他又想：《易经》占卜固然灵验，如果我沉迷此道，怎么能全心全意参禅呢？从此，他再也不学《易经》了。

再后来，他又迷上了书法，每天钻研，小有所成，引来几个书法家的赞赏。他转念又想：我偏离了自己的正道，这样下去，我可能成为书法家，却成不了禅师。从此他一心参悟，放弃了一切与禅无关的东西，终于成为一位禅宗大师。

在儒生眼里，《易经》和书法都是很高雅的东西，尤其是书法，是科举考试的一项重要评分内容，书法不好，几乎没有可能考举人、中进士，可在慧远眼里，书法只是"小道"，不值得花太多精力。任何东西都值得一学，但你不可能同时走两条路，只能选择一条路去走。一个执定志向，埋头走自己的路，懂得放弃其余的人，无疑是聪明人。

但是，无论你立定何种志向，最好坚持一个宗旨。孔子曾说："吾道一以贯之。"孔子的"仁道"，有一个宗旨贯通着，什么宗旨呢？孔子自己没有说，曾参替他做了回答："夫子之道，忠恕而已矣。"

王阳明的志向是学做圣贤，其中也有一个宗旨贯通着：致良知。

志向定了，就不会走错路；宗旨定了，就不会做错事，也就是说，无论遭际如何，你都会无怨无悔地走下去，永不迷惑。

一个人可以确定定何志向，也可以确定何为宗旨，比如以快乐为宗旨，以助人为宗旨，以创新为宗旨，诸如此类。假如你志向远大，宗旨健康，无论学任何"小道"，一旦精通其道，做到极致，都可契入"大道"，大放异彩。歌唱家精通歌道，放歌一曲，天下倾倒，岂不是利益众生的"大道"？发明家精通创新之道，推出一个新产品，天下受益，岂不是提高人类生活品质的"大道"？列文虎克只是为了乐趣，磨了几十年玻璃，最后磨出了当时最精良的复合镜片，做出了当时放大倍数最高的显微镜，帮助人们发现了一个全新的微生物世界，岂不是功莫大焉？

跟王阳明学绝学：一个人根本用不着讲什么"治国平天下"的虚话，只需认真做好一件事，让尽可能多的人受益，就是"治国平天下"！

❧ 不必迷信权威 ❧

【王阳明语录】

夫学贵得之心。求之于心而非也，虽其言之出于孔子，不敢以为是也，而况其未及孔子者乎？求之于心而是也，虽其言之出于庸常，不敢以为非也，而况其出于孔子者乎？——《知行录》

【语录精解】

求学者贵在内心体验。心里真切感受到那不对，即使那些话出自孔子，也不敢认为是对的，何况出于不如孔子的人呢？心里真切感受到那是对的，即使那些话出自一个普通人，也不敢认为是错的，何况是出自像孔子这样的人呢？

中国传统文化中，有许多优秀的东西，也有一些不好的东西，危害最大者有三：一是"崇古非今"；二是"迷信权威"；三是"服从权势"。

很显然，此三者都不是为学的正途。

王阳明跳出上述三个怪圈，提出"求之于心"，张扬的正是"坚持真理"的精神，只要是对的，谁说的都听；只要是不对的，谁说的都不信。问题是，对与不对，用什么做判断标准呢？按王阳明的理论，当然要按自己的良知为标准——我真切感觉到那是不对的，我就不能深信不疑；我真切感觉到那是对的，我就可以听信。这样有没有可能判断失误呢？当然可能。通向真理的途径本来不是一览无余，走错路势所必然，又有什么关系呢？只要始终坚持真理，离真理自然越来越近。

王阳明并不迷信权威，在当时，最权威的学问是朱熹的理学，科举考试一定不能偏离朱熹所注六经范围。王阳明遍学二程、朱熹、陆九渊等宋儒的理学，吸收了很多营养，对自己认为不对的却不盲从，敢于大胆提出新见。例如，他认为朱熹对《大学》的注解有错误地方，曾对弟子徐爱说："原句当是'大学之道，在明明德，在亲民，在止于至善'，是'亲民'，不是'新民'。程颐将'亲'改为'新'，曲解了曾子的意思，朱熹沿袭了程颐的错误，将后人引入歧途，以后读书当以旧本为正，不必尽信朱熹之言。"

按朱熹的解释，明德是本，新民是末，前者是目的，后者是达成目的的方法，而按照王阳明的解释，明德即亲民，亲民即明德，知就是行，行就是知，知行合一。两种解释，一字之差，谬以千里，究竟谁对？不管王阳明的解释是否真的跟《大学》原旨相合，他以良知求解，其不迷信权威的精神也值得佩服，何况他的见解确实很有现实意义，并且具有可操作性。一个人如果真心"亲民"，真心"为人民服务"，难道不是"明德"吗？

王阳明以"求之于心"对治迷信的方法，语焉不详，一般人很难理解，此法跟佛家禅宗"明心见性，顿悟成佛"的提法非常接近，而佛家却提出了反对迷信的具体方法，比王阳明所说似乎更易掌握。学佛有四个原则，可以用于做任何学问：

第一，依法不依人。意思是说，依从正法，而不依从讲法的人。王阳明的"求之于心而非也，虽其言之出于孔子，不敢以为是也"和"求之于心而是也，虽其言之出于庸常，不敢以为非也"，跟"依法不依人"正好契合。在生活中，很多普通人也有真知灼见，很多权威人士也会胡说八道，一定不能被对方的身份迷惑，需要冷静判断，才不会偏离真知。

第二，依经不依论。传世经典往往千锤百炼，其价值经过了时间的考验。经论尚未经过时间考验，价值难免令人怀疑。既然有疑，就不能盲信。如果经与论相冲突，在无条件验证谁对谁错时，要依经不依论。王阳明虽然说即使孔子的话也可以不必信，那是在孔子说错了的前提下，假设无法判断对错，还是相信孔子的比较好。

第三，依了义不依不了义。有些经典属于"了义经"，有些经典属于"不了义经"。什么是"了义"和"不了义"？大致是通达真理或未通达真理的意思。打个比方，1+1=2，大家用了几千年都没问题，可以算了义；有人说1+1=3，并且讲得条条是道，却没有提供可靠的证明，只能半信半疑，当属"不了义"。一般而言，《论语》《中庸》等百代经典，经无数智士参研，没有发现问题，基本可以算"了义经"；王阳明的《知行录》，因未经足够的参研认证，只能算"不了义经"。但这并不是说，"不了义经"不值得去学，即使其中有"不了义"处，也必有"了义"可供求知悟道。

第四，依智不依识。"智"是内心体验，是一种真切感受，即王阳明所谓"得之于心"；"识"是知识、见解。一般而言，"智"比"识"更可信。打个比方，你吃过糖，便有了"糖是甜的"的真切体验，这是你的"智"；如果有一个大师用严密的逻辑、华丽的语言证明"糖是苦的"，你读了印象深刻，可以倒背如流，这是你的"识"。那你到底该相信你的"智"还是你的"识"呢？很显然，应该"依智不依识"。

跟王阳明学绝学：现实生活中，只要切实地运用王阳明所说的：夫学贵得之心，那么任何权威都无法搅乱你的大脑了！能够让你更真实地面对自己的人生。

学问要点化，但不如自家解化

【王阳明语录】

学问也要点化，但不如自家解化者，自一了百当。不然，亦点化许多不得。——《知行录》

【语录精解】

学问需要别人点化，但不如自己领悟，自可一悟当百学。不然，也点化不了那么多。

做学问大致可分三个阶段：第一个阶段是教学，主要学习基础知识，如识字、算数之类，学到了就有学到的用途，学不到就有学不到缺陷，使不得假。这一阶段好比学走路，需要老师扶着、拉着，有时也要放手，让学生自行；第二阶段是帮学，老师主要指点入门路径，路还要学生自己走。第三个阶段是自学，老师主要在关键处指点一下，其他全靠学生自学自悟。这一阶段才真正称得上做学问。

王阳明带的不是小学生而是研究生，所以他要求学生"自家解化"，而自己只是适时"点化"一下。但是，对程度较低的学生，王阳明的态度是不一样的。他派季本任南宁教习时，考虑到该地学风不正，写了一道措辞严厉的公文——《牌行委官季本设教南宁》，其中有一些话，可以吓得学生瑟瑟发抖："每日拘集该府县学诸生，为之勤勤开诲，务在兴起圣贤之学，一洗习染之陋……大抵学绝道丧之余，未易解脱旧闻旧见。必须包蒙俯就，涵育薰陶，庶可望其渐次改化。谅本官平素最能孜孜汲引，则今日必能循循善诱。诸生之中有不率教者，时行夏楚，以警其惰。"

那些学生都是二三十岁甚至四五十岁的人，还不知道积极求学，需要老师"拘集"起来，逼着他们学习，如果还不听话，那就要像对待小学生一样，"时行夏楚"——打屁股。

这样的平庸学生当然不值得王阳明亲自去教，他公务、军务繁忙，最多只能教一些程度较高、"点化"一下就可能开悟的学生。

"点化"的妙用，在于学生进修到一定高度，将悟未悟时，适时点拨一下，即可收"拨开云头见月明"的功效，使被点拨者"一了百当"。

僧人从悦禅师是真净克文的弟子，出外参学时，不离恭敬心，对前辈十分礼敬。有一次，他吃荔枝时，路过清素禅师的窗口，很恭敬地说："长老！这是从家乡江西来的水果，请您吃几个？"

清素很欢喜地接过荔枝，感慨道："自从先师圆寂后，很久没有吃过这种果子了！"

从悦问："不知长老的先师是哪位大德？"

清素说："是慈明禅师，我在他座下忝为职事一十三年。"

从悦赞叹道："您十三年担任艰苦的职事工作，一定得了他的道吧？"说着，将手上的荔枝全部送给清素长老。

清素感激地说："我因福缘浅薄，先师嘱咐我，不许收弟子。现在看你如此虔诚，为这荔枝的缘分，我就破一次例。把你的心得告诉我吧！"

从悦大喜，很真诚地谈了一些他学禅的见解。

清素开示道："世界是佛魔共有，最后放下时，要能入佛，不能入魔。"

从悦一听，顿然开悟，从此成了高僧。

俗话说："与君一席话，胜读十年书。"从悦到处参学没有悟道，却被清素禅师一句话点醒。但是，求学悟道也有一个由量变到质变的过程，没有那"十年书"的修养，"一席话"的小火星，怎么能点燃你这颗实心石头？清素禅师的开示虽然意味深长、极富哲理，一般人没有从悦的境界，也很难由此悟道。

一般而言，明师不会点化那些工夫不到的学生，对工夫到了的学生，也不一定点化，要留给学生自己去悟，正如王阳明所说，别人点化，"不如自家解化"，因为那悟道时莫名的惊喜，是求道者最好的报偿。

唐代高僧香严智闲禅师年轻出家，起初在百丈怀海禅师处参学，他天资聪慧，博通经典，但始终没有悟道。百丈大师去世后，他又跟怀海的大弟子灵佑禅师参学。灵佑问他："听说你在先师百丈处，学一知十，问十答百，那是因为你聪明伶俐。不过，你这样学禅，依赖的是理智和对概念的领会，未必能明了生死大事。你能把父母未生你前的根本说给我听听吗？"

智闲茫然不知所措。他把平时看过的书翻遍，还是找不到答案，深感画饼不能充饥，于是恳求师父开示。灵佑说："如果我现在为你说破，将来你一定会骂我。况且就算我说了，我的还是我的，不会变成你的。"

智闲很失望，此后他在灵佑门下参学了很久，仍找不到答案，心里沮丧又气恼，发誓说："我再也不学佛法了，宁可做个化缘乞食的行脚僧。"

于是，他辞别灵佑，到处云游。后来，他在南阳国师慧忠禅师墓旁筑庐隐居，靠种地养活自己。有一天，他在地里除草时，捡起一块瓦片，随手向外抛去，正巧击中了旁边一棵竹子，发出清脆的一响，响声撞击着智闲的心，他顿时豁然大悟，灵佑当年提出的问题，在他心里也变得十分清晰了！

智闲无限喜悦，顿然明白灵佑大师当日不肯为他说破的恩典。于是，他回到住处，沐浴焚香，朝着灵佑住山的方向跪拜祷祝说："师父，大慈大悲，您对我的恩情胜过父母，如果你当日为我说破，哪有今天的顿悟呢！"

跟王阳明学绝学：许多人做学问，功利性很强，为的是长本事、

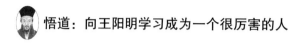

办大事、发大财，其实，做学问最大的收获不是物质上的，而是精神上的。那一悟之间，对世界人生洞然明白的惊喜，那马斯洛名之为"高峰体验"的妙味，一旦你尝到了，才知世间功名利禄皆微不足道；你若悟境极高，甚至会像佛祖那样，"视王侯之位，如过隙尘；视金玉之宝，如瓦砾；视纨素之服，如敝帛；视大千界，如一诃子"。

❧ 真道只在简洁处 ❧

【王阳明语录】

圣人只是要删去繁文，后儒却只要添上。——《知行录》

【语录精解】

圣人只想删去繁芜的文字，后来的儒人却要添加。

人们做人做事做学问，走着两条截然相反的路径：

一是办实事、讲实效、求真知的人，走的通常是"复杂问题简单化"的路径。在这方面，企业人表现得最明显。凡事能省则省，能简则简，以效率和效益为最高追求。那些优秀的企业领导者，说话往往坦诚直率，言简意赅；办事往往简洁明快，绝不拖泥带水。他们对别人也有同样的要求，通常没有耐心听别人的长篇大论，不能容忍别人办事脑筋不清、要点不明。国内某著名公司的老板，听取员工的报告时，不能超过三分钟，否则就要发火。世界 500 强企业宝洁公司的前总裁杜普利严格要求任何公司内部文件的字数不得超过一页纸，否则看都不看，批上"压缩字数"便扔回去重写。当然，他们不能容忍的只是废话，如果言之有物，有真材实料，则另当别论。例如，杜普利的一个下属想出了一个促销的好计划，写报告时费了很大的努力，压缩到没有一个废字，还是有三页纸，但这回杜普利却没有扔回去，一字字认真阅读后，马上要求讨论实施。

李嘉诚也有讲求真材实料的特点，他很忙，想求见他的人又很多，最不愿将时间浪费在没有真材实料的人身上。他讲过两件事："曾经有一个银行的主席，他老早约好与我见面。但还没有见面，这家银行的另外一位副总裁也通过我们公司的 CEO 要见我，并告诉我说，这位副总裁见识不错，值得一见。不久，银行的主席来了，与我见了一面，他走了之后我就跟我的秘书讲：以后他再来我不愿见他，他没有真材实料……过了两个礼拜，那位副总裁来了。我跟他谈话，很融洽，因为他有真材实料，讲得条理清楚，资料一流。之后我告诉秘书：以后他再来找我，我还会见他的。因为他跟我谈话，我们双方得益，他要了解香港的经济，这些我知道；我想了解的世界最新消息与情报，这些他知道，所以这种交谈大家都互相得益。"

这就是办实事、讲实效、求真知的人！王阳明也是这样的人，喜欢简单，讨厌复杂；喜欢高效，讨厌低能。

二是不办实事、不讲实效、不求真知的人，走的通常是"简单问题复杂化"的路径。

许多人因为工夫太差，没有真材实料，只好把事情搞得很复杂，使别人无法判断其货色的真假，甚至不惜无中生有、没事找事，把水搅浑，好蒙混过关。

王阳明最讨厌"简单问题复杂化"的作风，他曾祭出孔圣人，对此大加挞伐："孔子述《六经》，惧繁文之乱天下，惟简之而不得，使天下务去其文以求其实，非以文教之也。《春秋》以后，繁文益盛，天下益乱。始皇焚书得罪，是出于私意；又不合焚《六经》。若当时志在明道，其诸反经叛理之说，悉取而焚之，亦正暗合删述之意。自秦、汉以降，文又日盛，若欲尽去之，断不能去；只宜取法孔子，录其近是者而表章之，则其诸怪悖之说，亦宜渐渐自废。"

王阳明竟然主张学秦始皇焚书，把那些很复杂的书都烧掉；当然这不可能，所以他又提出改进之道：一跳二千年，直接上学孔子，不理会那些没用的学问。这个主意确实很好，当代人学传统文化，只需读懂《论语》《孟子》，再读《道德经》《庄子》和三五部佛经，便已学了十之七八，其余的即使全不理会，损失也不大。

天下比较有用的还是那些技能之学，学可以致用。佛祖在灵山会上说法，拈花示众，不着一字，一般人莫名其妙，明白人却知道：佛四十九年说法，尽在拈花之中。"道理是明摆着的"，听不懂的终归听不懂，听得懂的终归听得懂，所以佛祖拈花，"众皆默然，惟迦叶尊者破颜微笑"，佛祖也将衣钵传给了迦叶这个明白人。

跟王阳明学绝学：简单胜于复杂，说话要用最简洁的语言表达最准确的意见，办事要用最简明的方法收获最大的成果，做人要用最简单的方式让大家开心。得一个"简"字，虽然不一定得道，已经接近得道了！

❧❧ 不爱虚名求实惠 ❧❧

【王阳明语录】

为学大病在好名。——《知行录》

【语录精解】

做学问的最大毛病是喜好名声。

有一次，王阳明对学生薛侃说："为学大病在好名。"

薛侃坦率地说："我前年自称这个毛病已经减轻了，近来仔细检查，才知道全未消减。难道我喜欢表现，听见赞誉就高兴，听见批评就郁闷，就是由这个毛病而来？"

王阳明说："对极了！名和实成反比关系，务实之心重一分，求名之便轻一分；全是务实之心，即全无求名之心；倘若务实之心如饥似渴，哪里还有工夫求名？"

但是，孔子曾经说过："君子疾没世而名不称焉！"听这意思，好像是说：君子痛恨到死都不能出名。又好像是说：君子担心死后没有好名声为人称颂。不管怎样理解，都表明孔圣人比较"务名"。孔子还说过："后生可畏，焉知来者之不如今也？四十、五十而无闻焉，斯亦不足畏也已。"这意思好像是说，一个人到了四五十岁还不出名，就没什么了不起了。言下之意，好像是说出名要趁早，不要混了大半辈子，从"后生可畏"混到"不足畏"的地步。王阳明提倡"学做圣贤"，既然孔圣人也"务名"，"务名"有什么不可以呢？

王阳明也想到了这个问题，所以他又对薛侃解释说："'疾没世而名不称'的'称'字，应该读去声，也就是'声闻过情，君子耻之'的意思。名实不相称，活着时还可以弥补，死了就来不及了。'四十、五十而无闻'，是不闻道，而不是闻名于世。孔子说'是闻也，非达也'，怎么会用出名要求别人呢？"

应该说，王阳明解释得真好！真漂亮！不愧是一个悟了道的人，一下子就将孔子至高境界的学问贯通起来了，达到了"毋意，毋必，毋固，毋我"的高度。但客观地说，此一解释非常勉强，就"疾没世而名不称"来说，据《史记》介绍，孔子在生时，只能算小有名气，他倡导的儒学也不被天下诸侯看好，所以到处找不到工作，后来是他的弟子子贡利用自己非同一般的影响力，不遗余力地为他"打广告"，他死后才名声大振，儒学也渐成显学。所以，孔子当时最需要担心的是出不了名，而不是名不符实。就"四十、五十而无闻"来说，当时的平均寿命较短，四五十岁就可以称"老"，已经日薄西山了，如果还默默无闻，确实很难再有大的作为。而"闻道"不分早晚，孔子说："朝闻道，夕死可矣！"四五十岁还来得及，即使到咽气时大彻大悟，也可无憾而终。

王阳明的解释既对又不对，对的地方是：孔圣人不会用出名要求别人，也不会用出名要求自己。不对的地方是：孔子并非一生下来就是圣人，他的悟境也要逐步提高，"十有五而志于学，三十而立，四十而不惑，五十而知天命，六十而耳顺，七十而从心所欲，不逾矩"。《论语》记录的是孔子平日的一些精彩言论，不一定全是悟道后说的话。况且年岁不同，对事物的理解也不一样。一个人的名声好比企业的品牌，相当重要，孔子青壮年时积极求官，为的是推销自己的"仁道"，不出名就很难如愿以偿，所以他对出名有一种紧迫感，也在情理之中。将近七十岁时，他打消了从政的念头，专心教学和编辑诗书，想法自然不一样了。

王阳明所说的"为学大病在好名"，并没有错；一个人最好名实相称，也没有错。出名没有什么不好，喜欢出名也没有什么不对，但

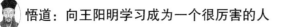
为出名而出名，就是毛病了。比方说，曹雪芹写了一部《红楼楼》，天下人争相传阅，他即使想不出名，有可能吗？但他写《红楼楼》时，根本不需要考虑出不出名的问题，更不用浮想联翩，幻想凭此书轰动天下。他只须老老实实写《红楼梦》就行了，写好了自然轰动天下，写不好就是废纸一堆。正因为他像王阳明说的，"全无务名之心"，而"务实之心如饥之求食，渴之求饮"，生活穷困潦倒也不放在心上，呕心沥血十余年，才达到了艺术的至高境界，写出了这部辉煌巨著。

反观有的文学青年，偶尔写出一部还算过得去的小说，便急急忙忙搞"炒作"，"务名"之心过甚，"务实"之心全无。可是工夫有限，又没有落到实处，光靠玩虚的能玩多久？很快便销声匿迹，再也听不到他（她）的名字了。

孔子说："君子务本，本立而道生。"做人应该知道自己的根本在哪里，抓住了根本，一切都顺理成章。想出名，一定要务实，这才抓住了根本。

此外，"好名"还有一层意思，即太在意外界的评价。世上的"批评家"往往多于实干家，对别人说的话，做的事，总有人说好道歹，说三道四。如果你太在意别人的评价，听到好话就沾沾自喜，听到坏话就心情不安，那么，你的心一定会被搅得不得安宁。

跟王阳明学绝学：一个聪明人，应该有自知之明，清楚自己的优点和弱点，知道自己哪些方面做得好、哪些方面做得不够，那么，你就可以当自己的"考评官"，无须期待别人的评价。如果你专在实处下工夫，明了自己的目标和进益，就可以达到"举世誉之而不加劝，举世非之而不加沮"的境界了！

记得不如晓得

【王阳明语录】

只要晓得，如何要记得？要晓得已是落第二义了，只要明得自家本体。若徒要记得，便不晓得；若徒要晓得，便明不得自家的本体。

——《知行录》

【语录精解】

只要晓得就行了，何必一定要记得？"要晓得"已经是第二义了，只须明了自己的良知本体。如果只是要记得，便不晓得；如果只是要晓得，便不能明了自己的良知本体。

有一次，一个朋友问王阳明："读书不记得怎么办？"

王阳明认为，读书做学问的目标是"致良知"，将知识塞在脑袋里，跟将书摆在书架上一样，意义不是很大，所以他说"只要晓得"就行了，记不记得关系不大；但晓得还不够，要做到明了良知的份上，才算真正学问。

王阳明对当时的学场风气非常不以为然，认为"圣学"已经"不复可观"，现状令人失望，"有训诂之学，而传之以为名；有记诵之学，而言之以为博；有词章之学，而侈之以为丽"，所谓训诂之学，主要是为古书作注；记诵之学，主要是旁征博引，为讲论之资；词章之学，主要是写作文章。除此之外，还有各种门类，"群起角立于天下，又不知其几家，万径千蹊"，各门各派好像都有长技，见解又纷纷不同，无非是争夸雄长，并不是为了探求真知，弘扬正道。学者们

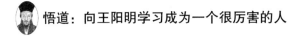

"莫知所适"，不知听谁的好。

为学的风气不好，还不是最严重的，学者们的行为更是不堪入目，王阳明形象地描述了他们的丑态："世之学者，如入百戏之场，欢谑跳踉，骋奇斗巧，献笑争妍者，四面而竞出，前瞻后盼，应接不遑，而耳目眩瞀，精神恍惑，日夜遨游淹息其间，如病狂丧心之人，莫自知其家业之所归。"王阳明之意，学者们就像马戏团的猴子一样，蹦蹦跳跳，争奇斗巧，为的是献媚求宠，获取私利，像疯子一样，早就将良知忘在九霄云外。

王阳明认为，淹没良知，一味逞其功利心，只顾"相矜以知，相轧以势，相争以利，相高以技能，相取以声誉"，这样的为学是没有意义的，甚至是有害的，为什么呢？他说："记诵之广，适以长其敖（傲）也；知识之多，适以行其恶也；闻见之博，适以肆其辨也；辞章之富，适以饰其伪也。"

一个人"记诵之广"却没有消化，不知学问之妙，以为天下"才高一石"，有七八斗装在自己的小肚子里，自然会认为"老子天下第一"，傲气不知不觉地会溢于言表。例如三国时的弥衡，天底下被他瞧得起的只有两个人，一个是孔融，有资格做他的"大儿"，一个是杨修，有资格做他的"二儿"，其余的人都不在话下。自古以来，像这种读了很多书而不消化、变成傲气喷出来的书呆子是很多的。

一个人"知识之多"，或"闻见之博"，或"辞章之富"，却没有爱心，心怀贪婪、恶念，那么，知识、见闻就会变成他危害他人的工具。董仲舒的《春秋繁露》中，对这类"才子"进行了精彩的论述：没有仁爱而有勇力才能，就像疯子拿着锐利的武器；没有智慧而口齿伶俐，就像瞎子骑着日行千里的好马。因为没有仁爱、智慧却有才能的人，会运用他的才能助长他邪僻不正的思想，帮助他邪恶乖僻的行为，正足以加大他的错误，加重他的罪恶。他的狡辩足以掩盖过失，他的口才足以欺诈别人，他的巧慧足以迷惑愚人，他的花言巧语足以遮蔽错误，他的顽固足以破坏法纪，他的固执足以拒绝劝谏，这样的人不是没有才能，而是运用不当，走上了邪路。

对这类只有才华没有道德的人，王阳明深恶痛绝，他曾举一个现实的例子，对学生们说："学如焦芳，不如孩提之不学不虑。"为什么呢？小孩子没有知识、没有思想，至少不会危害社会，且有可爱之处，他们的心灵纯净如水，对社会环境的美化很有好处。而焦芳这种人，才华过人，危害极大，臭不可闻。

焦芳与王阳明同时，河南泌阳人，因高中进士，被选入翰林院。历来能入翰林院的人，都是公认的大才子，比今天成为"院士"还难。焦芳可不是一个谦谦君子，功利心极强，有一年，大学士彭华推荐晋升学士的人选，漏了焦芳。焦芳听说后，当即宣称：我要是当不上学士，就拿着刀，在长安道上候着，不捅死彭华不罢休。

彭华听说后，怕了这个"拼命三郎"，赶紧将他的名字加上去。

后来，焦芳投靠权奸刘瑾，助纣为虐，残害了许多清正官员。不过，随着刘瑾最终被铲除，焦芳也免不了跟着倒霉。

一个人读书读到焦芳这样，一味逞其私欲，不讲人情公理，真不如不学。

跟王阳明学绝学：王阳明反对以学为非的负面学习，反对学而无用的无效学习，他提倡的学习方法只是"致良知"，即以爱为本，然后"知行合一"，将爱融入自己日常学习、工作和生活的--言--行中，助益他人，感动他人，影响他人。一个人真能如此，何愁"治国平天下"？

꧁ 不做"书呆子" ꧂

【王阳明语录】

凡饮食只是要养我身，食了要消化；若徒蓄积在肚里，便成痞了，如何长得肌肤？后世学者博闻多识，留滞胸中，皆伤食之病也。

——《知行录》

【语录精解】

饮食只是为了滋养身体，吃了要消化；如果只是蓄积在肚子里，便成痞症了，如何养得肌肤？后世求学者博学多识，滞积在心里，都是"伤食"的毛病。

许多人将王阳明的"心学"当成一种学问，而事实上，他所讲的只是修证的方法。如果只是当成知识学习，不修证、不开悟，用处并不大。王阳明熟知道家、佛家的修证方法，后来专行于儒道，跟其他读书人一样，从知识求道，于修证并未尽力，直到后来开悟，才知道做了半辈子"书呆子"，他写了一首《再过濂溪祠用前韵》，描述了自己的心境：

> 曾向图书识道真，半生良自愧儒巾。
> 斯文久已无先觉，圣世今应有逸民。
> 一自支离乖学术，竟将雕刻费精神。
> 瞻依多少高山意，水漫莲池长绿萍。

诗中之意，半生错用工夫，只知向书中求道，读书人中早就没有可以"使先觉觉后觉"的行觉者了，当今之世只有我这个散人。自从寻章摘句做学问，白白浪费了许多精力。"瞻依多少高山意，水漫莲池长绿萍"，是开悟的境界，只可意会，不可言传。

王阳明后来教学，不太要求学生在知识上求解，只要求做切身工夫，求真实体验。有一次，他问学生九川："于'致知'之说体验如何？"

九川说："自觉不同往时，操持常不得恰好处，此乃是恰好处。"

王阳明说："可知是体来的与听讲不同。我初与讲时，知尔只是忽易，未有滋味。只这个要妙，再体到深处，日见不同，是无穷尽的。"

九川说："此功夫却于心上体验明白，只解书不通。"

王阳明说："只要解心。心明白，书自然融会。若心上不通，只要书上文义通，却自生意见。"

王阳明的"心明白，书自然融会"，并非夸张。一个人若开悟了，往往一理通、百理通，书上原先不懂的，如今一看就明白，心领神会。而且可以由此及彼，轻松跨越行业、门类的障碍。例如王阳明，做官做得很好，带兵带得很好，教学也教得很好，一般来说，"术业有专攻"，王阳明却能轻松跨越此一设限。为什么呢？因为世上只有一个"道"，万事万物间，都是此道，无论在哪个方向悟了一道，自可触类旁通，伊尹是个厨师，用厨道管理天下，管得很好；管仲是个商人，用商道管理天下，也管得很好。因为厨道、商道、官道本是一道。但是，那些技能之学，则非专门修习不可，没练过字一定不会书法，没打过枪一定不会枪法，但开悟的人，学任何技能，一定会比常人快。

与王阳明不同，许多读书人，只是求知，不求开悟，装了一脑门子学问，消化不了，还自以为志大才高，受到重用，必负所托；不受重用，便一肚子怀才不遇的怨气，知识都变成酸水，直往外倒。

客观地说，知识对开悟并无坏处，往往知识越丰富，开悟的可能性越大。但知识丰富跟开悟却是两回事。

唐朝有个很有才气的书生，读了几本禅宗祖师的语录，便自以为大彻大悟。一天，他专程去庐山拜访名满天下的归宗禅师，大谈佛理，并得意地说自己已到无修、无得、无证的境界。归宗禅师只是微微含笑，既不肯定也不反驳。

谈了很久，书生告辞。归宗禅师站起身，非常客气地将书生送到大门口，忽然问："阁下的锦袍后面何来一大洞？"

书生一听，慌忙问："在哪里？在哪里？"

归宗禅师大喝一声："好一个无修、无得、无证！"

书生顿时面红耳赤，含羞而去。

书生自称已到"无修、无得、无证"境界，那是"万缘皆空"了，却如此惦记一件锦袍，而且一闻异常便惊慌失常，一点定慧工夫都没有，岂不可笑？他也许知道有关"无修、无得、无证"的知识，但要说修到这种境界，未免差得太远。知道了概念，掌握了知识，不等于境界同时上去了，两者之间有本质的不同。佛经中有一个关于文殊菩萨和善财童子的故事，说明了知识和悟境的不同：

善财童子四处参学、拜谒善知识。有一次，他去拜会妙月长者，问道："自我的顿悟，是否可由听闻他人谈论般若波罗蜜而得？"

"般若波罗蜜"是梵文音译，大意是"智慧成就到彼岸"。

妙月长者说："不能。因为般若波罗蜜，是亲自悟入一切事物的真如妙知。"

善财童子不解地问："知识，岂不是由听闻而来？对事物的认识，岂不是由思考与推理而来？自我开悟，为何不能由听闻知识、思考认识而来？"

妙月长者耐心地解释说："自我开悟，永远不能仅从思考而来。比方说：在一片广袤的沙漠中，没有泉，没有井，没有河流。在烈日炎炎的夏日，一个旅人从西向东穿行沙漠，途中，他遇到一个从东面来的人，就说：'我极其干渴，请您告诉我，何处可以找到泉水与阴凉，让我能够解渴、沐浴，恢复体力？'从东来而的人说：'再向东走，路会分成两条岔道，一左一右。你走右边一条，再继续往前，一定会找到清泉与阴凉。'你想，这位旅人听到了关于泉水与阴凉的知识，他的焦渴是否就解除了呢？"

善财童子说："不能。因为只有当他按对方的指示，真正到达泉水之处，喝饮它，并在其中沐浴，才能解除渴热，恢复体力。"

妙月长者说："年轻人，修行的生活也是这样。仅是学习、思考与增进知识，永远不能悟明真道。我所举的例子中，沙漠即是生死：从西而东者，即是一切众生；热是一切外境，渴是内心贪欲；从东而来者，是佛或菩萨，他是开悟的觉者，住于大智慧之中，而能透视一切真谛，他所告诉我们的，都是他自己已经亲自实践过的：饮清泉、解渴、除热。再者，年轻人，我要说另一个比喻：假如佛陀在世间再留一劫，用尽一切精确言辞，用尽一切比喻描述，让众人得知甘露的美味与种种妙处。你想，世间众生，是否因听闻了佛说甘露的美好，就能亲身体验到它的美妙呢？"

善财童子说："不能！甘露的滋味，只有亲口品尝才能知道。"

妙月长者说："是啊！仅仅听闻与思考，永远不能使我们认知般若波罗蜜。"

善财童子心领神会。后来，他继续参学，终于功德圆满，大彻大悟了。

跟王阳明学绝学：王阳明关于知识应该消化的意旨，跟妙月长者所教一样。世间求学者应该明白，学到满腹知识固然很好，但最重要的是品尝"甘露的滋味"，学而不知其味，就学成"书呆子"了！

一人一境界，那是人们真正能享有的，名利权势只是假象，小人享受不到君子美妙的内心体验，凡人无法领略圣贤的"极乐世界"，除非你提升自己的境界。

第四章

王阳明的境界绝学

❦～人生第一等事～❦

【王阳明语录】

登第恐未为第一等事，或读书学圣贤耳。——《顺生录》

【语录精解】

第一等事恐怕不是读书登第，或许是读书学圣贤吧！

人生第一等事是什么？当然是立志。怎样立志呢？有人说，"我要当政治家"，"我要当科学家"，"我要当企业家"……这并不是真正的立志。这家、那家，都只是个标签，挂上身上就有，取下来就无，很虚幻。后主刘禅是个政治家，夏桀王、商纣王也是政治家，那又怎么样呢？真正的立志是确立别人拿不走的标识，建立不倒的"品牌"。所以，人生第一等事是确立你要成为什么样的人。

人上一百，形形色色，按传统观念，由低到高，大致可以分为以下几种人：

一是小人。他们是以损人利己为乐的人。有人说"伪君子"不如"真小人"，其实伪君子"和"真小人"都是小人，只是损人利己的方式不一样，本质上却没有不同。

二是愚人。他们是不知生为何来、死为何往的人，长着一颗花岗岩脑袋，满脑子偏见执念，观念很难改变。愚人未必是文盲，文盲未必是愚人。在愚人中，有相当多的受过高等教育的傻瓜。

三是庸人。他们是用身体思考的人，凭感觉生活，只想开开心心过日子，没有高尚、远大的追求。

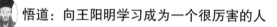

四是君子。他们是很"爱干净"的人，他们讨厌自我思想的污秽，积极加强修养，理智地管理着自己的一言一行。他们是常人心目中品德高尚、可亲可敬的人，却会被小人嫉妒。

五是贤人或大人。他们是有大品德、大才能、大学问，能够成大器、办大事的人。即使没有用武之地，他们也往往能够以自己喜欢的方式施加很大的影响力。

六是圣人。他们是了悟人生真谛，智慧通达、境界非凡的人。

一个人确定了要成为什么人，不管他做哪门学问，从事哪项事业，他的人生格局基本上已经定下来了，好比鸟入樊笼，无论怎么扑腾，都只能待在那么一块地方。除非他重新给出人生定位，他的自由空间才会增大。只有圣人能破笼而出，得"大自在"。

人们不一定清楚地知道自己想成为什么人，真实愿望隐蔽在潜意识中，自然地支配着人的行为。例如，有的人起初雄心勃勃，锐意进取，很有点"大人"模样，可一旦功成名就，便不思进取，贪图享乐，因为他心里只是一个庸人底子，哪有大人的心量？

王阳明从小就明白自己想成为什么样的人。关于他的立志，《顺生录》记录了一个颇具神奇色彩的故事：那是他十一二岁时，一天，他与几位学友在长安街上漫步，遇到一个看相先生，惊奇地对他说："我今天为你看相，你日后一定会想起的话：当你的胡子长到衣领这儿时，你就入了圣境；胡子长到心口时，你就结圣胎了；胡子长到肚脐时，你就圣果圆满了。"

相士的话或许只是胡诌，对王阳明的暗示作用却是很大的，从此，"圣贤"二字就被他输入了大脑深处，"自后每对书，辄静坐凝思"。十三岁时，有一次他问私塾老师："何为第一等事？"老师说："惟读书登第耳。"教师的话似乎言之成理，作为一个读书人，参加科考，金榜题名，难道不是最重要的事吗？王阳明却不以为然地说："登第恐未为第一等事，或读书学圣贤耳。"

他的父亲听说此事，笑着问他："你想做圣贤吗？"

王阳明不好意思回答，却用行动证明了自己的追求。当时宋儒的"格物致知"说颇为流行，而"格物"之意，二程和朱熹都认为是"穷事物之理"。王阳明一知半解，说干就干，邀请一个学友，对着竹子，不停地"格物"。到了第三天，学友用脑过度，只好放弃。王阳明嘲笑他心志不坚，继续坐在那儿"格物"。到了第七天，王阳明精疲力尽，竟至晕倒，被人抬回来。这次"格物"失败，让他受挫不小，自我解嘲说，"圣贤有分"，不是人人可做。他的话，似乎表明他想放弃"学圣贤"的志向，而且此后他时而学道家的"导引术"，时而学佛家的参禅打坐，还花了很大的精力应付科举考试，并考中进士。

但是，"学圣贤"的志向已经进入了王阳明的灵魂深处，他无论学什么、做什么，事后来看，都走在"学圣贤"的路上，都是在探索契入圣贤的方法。最后，他跳出程子、朱子理学之外，别出蹊径，开发出了"致良知"和"知行合一"的法门，并自豪地宣称这是"千古圣贤相传一点真骨血"。他当然再也不会傻乎乎地"格"竹子了，因为他认为"格物"的真意是"正物"，心正则物正。

王阳明是否学成了圣人？难说！因为圣人是一种境界，只有"自家体会得"，别人不得而知。但他无疑是一位"大人"或"贤人"，因为他在"立德，立功，立言"三方面都取得了令人尊敬成就。

跟王阳明学绝学：古人说："取法乎上，得乎中；取法乎中，得乎下。"王阳明把人生目标定位到"圣贤"的至高境界，最后成为一代大贤，已经很成功了！

圣人不是靠聪明造就

【王阳明语录】

所以为圣者，在纯乎天理，而不在才力也。故虽凡人，而肯为学，使此心纯乎天理，则亦可为圣人。——《知行录》

【语录精解】

一个人之所以成圣，在于纯粹地感悟天理，而不在于才能大小。因此，即使是很平凡的人，只要肯自修，使自己的心与天理契合，就可以成为圣人。

人人都有良知，都是"天生圣人"，只因后天的习染，变作了小人、愚人或别的什么人。阴沟里的金子还是金子，只是不那么好看，不那么好闻，价值却还在，洗净了还可爱。所以王阳明认为，人人都有可能成为圣人。

成圣的标志是"纯乎天理"，让"金子"变回本来的模样，一尘不染。

成圣的途径是"肯为学"。很显然，王阳明为学，不只是读书长本事而已，学问再高，本事再大，都不一定能"为圣"。对此，王阳明解释说："盖所以为精金者，在足色而不在分两……犹一两之金比之万镒，分两虽悬绝，而其到足色处可以无愧，故曰'人皆可以为尧、舜'者以此。学者学圣人，不过是去人欲而存天理耳，犹炼金而求其足色。"

人心如纯金，人欲多一分，成色减一分；人欲减一分，成色增一分。做学问、长本事，只能增加分量，不能增加成色。分量足当然是好事，成色太差，跟铜铁等价，就无趣了！

王阳明指出了一条"为圣"的坦途：去人欲而存天理。将后天的人欲一分分减少，直至"无欲"，回归天性，回到最初的原点，便成圣了。

许多人觉得"无欲"二字不可思议，也不以为然：难道孔子、老子不穿衣吃饭吗？不娶妻生子吗？不想做官、赚钱吗？这当然是对"无欲"的误解。打个比方，水往低处流，流过山峰，流过平原，流归大海。那么，水有没有欲望呢？如果没有，为什么忍不住向低处流的冲动？如果有欲望，为何不向高处流，流到银河去？很显然，水无所谓有欲或无欲，只是自然而然，按自己的本性行事。圣人也是如此，无论吃饭穿衣、娶妻生子、做官发财，都顺从本性、自然而然，像不一样，在有欲无欲之间，有即是无，无即是有，这就是圣人的"无欲"。

常人却不同，明明是小鸡，却要吃老鹰；明明是丑小鸭，却要扮白天鹅；明明只有二两饭的胃口，却要叫满汉全席。这就是贪欲了！

自然的欲望是"无欲"，不自然的欲望是贪欲。那么，怎样区分自然或不自然呢？此意不可说，只能自去领悟。

王阳明还指出了一条"为圣"的方便途径："天地虽大，但有一念向善，心存良知，虽凡夫俗子，皆可为圣贤。"你只要有爱心、做善事，一心一意，不愧不悔，迟早可入圣贤之门。

"善欲"不是"无欲"，但接近"无欲"。你始终保持善欲，喜欢帮助别人，喜欢看见别人摆脱烦恼、困境，这是很高的境界，但离圣境还远，因为你的善欲还可能退转，转到相反的方向。举个例子，不久前，曾发生过一起争议纷纷的新闻：几个善士捐资助学，以一帮一的形式，给几个青年学子提供学费、生活费。这几个学生接受了馈赠，一年多时间都不曾写信给"恩主"道一声谢，于是，几位善士不

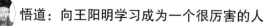

高兴了，将此事透露给了媒体，不用说，那几个学子受到了众口一词的指责。可以想象，那几个学子所蒙受的损失远比他们得到的馈赠大，因为他们背负着"忘恩负义"名声，心灵的创伤也会陪伴他们很长时间，甚至影响他们一辈子。反观几位善士，起初善欲很强，后来善欲却变成了恶念，他们向媒体透露此事，等于向那几个学子实施了报复，根本没有考虑可能对他们造成的后果，等于由圣道入魔道了。

按佛家的观点，善心永不退转，才入圣道。怎样才能如此呢？当你切身体验到帮助别人不是在帮助别人，完全是在帮助自己；愉悦别人不是在愉悦别人，完全是在愉悦自己，你的善心就不会退转了。那么，当你做了善事，帮助了别人，会由衷地高兴，根本不会冀图别人的感激、报答，更不会为别人没有一声"谢谢"而愤愤不平。

但这不是说"善欲"没有用，一旦你经常发善心、做善事，体验到了其中的乐趣，你就有可能领悟"人我不二"的真谛，由此契入圣道。

王阳明早就领悟到圣贤和凡夫俗子本质上并无区别，不同之处在于各人的工夫，任何一人肯下工夫，都可能成为圣贤。所以，他看人都带着看圣贤的眼光，以平等之心待，不太在意世俗的尊卑贵贱。当他谪居龙场驿时，真诚地对待自己的随从们，为他们熬药、煮粥。大家觉得他是"大人"，被他服侍受当不起，他安慰说：你们跟随我一路走来，吃了许多苦。在这举目无亲的地方，你们不就是我的兄弟、我的亲人吗？

对当地夷民，汉族人一般会有歧视心理，认为他们是"野蛮人"。王阳明却毫无歧视之心，因为他们也是"天生圣人"。他说："夷之民，方若未琢之璞，未绳之木，虽粗粝顽梗，而椎斧尚有施也，安可以陋之？"

虽然语言不通，他跟夷民们的关系却处得很好，交了很多真心朋友。他时常出没于丛林、山洞之间，同夷民和流亡至此的汉人谈天说地、讨教风俗，并指导他们伐木建屋，替他们排忧解难。很快，当地居民都把他看成能人、友人、神人，对他尊敬有加，还自发地帮忙，为他建起了一座大屋。后来，此屋便成了著名的"龙冈书院"。

跟王阳明学绝学：一个人能认识到人人都可能为圣贤，而以平等之心对待每一个人，离圣贤之门已经很近了！反之，自以为天生高人一等，自以为应该高居别人之上，离圣贤之门已经很远远了！

圣人无善无恶

【王阳明语录】

无善无恶心之体，有善有恶意之动，知善知恶是良知，为善去恶是格物。——《知行录》

【语录精解】

无善无恶是心的本体，有善有恶是思想的萌动，知善知恶是人的良知，培善去恶是格物的工夫。

在王阳明的心学体系中，有一个等式：心 = 性 = 理 = 良知。

虽然是一个等式，每个概念还是有所区别的。

心是什么呢？心 = 无善 + 无恶 =0；

性是什么呢？性 = 有善 + 有恶 =0；

理是什么呢？理 = 非善 + 非恶 =0；

良知是什么呢？良知 = 知善 + 知恶 =0。

善恶可以说一正一负，但流于观念上时，其性本空，只是一个 0。正因为如此，格物便成为可能。假设恶念像太行、王屋二山一样，是实体的存在，你想格掉它，哪怕你有愚公精神，这辈子也不能够，还要靠子子孙孙帮忙。因为恶念本空，你想格掉它，马上就格掉了。格物也可以列出一个等式：格物 = 为善 + 为善 + 为善 + 为善……

为什么要格物呢？因为人有贪欲，以至失其本心，变为凡心。

凡心 = 为恶 + 为恶 + 为恶 + 为恶……

所以，需要不停地格物，使凡心渐近圣心。

圣心无善无恶，只是一个 0，如同佛家所说的"空"。但"空"不是没有，正如 0 不是没有一样，不然，将你的存折上拿掉一个 0，你就该哭鼻子了。

由于王阳明所说概念似同非同，所以闻者似懂非懂，为这些问题，王阳明跟弟子们进行了大量的探讨。

有一次，弟子德洪与汝中在一起讨论学问。汝中谈了王阳明的"四句教"，即"无善无恶是心之体，有善有恶是意之动，知善知恶是良知，为善去恶是格物"。

德洪不解，问："这是什么意思？"

汝中说："这恐怕不能算绝对结论。如果说心体是无善无恶的，那么意也应该是无善无恶的意，知也是无善无恶的知，物也是无善无恶的物。如果说意有善有恶，那么心体必然也有善恶在。"

德洪说："心体是天性，原本是无善无恶的。但人心会受外物感染，意念上就有了善恶，格物致知、诚心正意，修的正是回复心体、天性的工夫。如果意念没有善恶，做什么工呢？"

当天晚上，二人向王阳明请教。王阳明说："二位的见解正好相互补充，不宜各执己见。我这里点化人原本有这两种方法，悟性高的人可以从本源上直接悟入。人心本体原本是明莹无滞的，在发而未发之间。悟性高的人一旦悟到本体，即是功夫，他人、自我，内心、外物，可以一齐悟透。悟性较次的人，难免有个习染心，本体受到蒙蔽，因此教他在意念上做为善去恶的功夫。功夫精通后，尘埃去尽之时，自然可以明了本体。汝中的见解，是我用来接引悟性高者的法门；德洪的见解，是我为悟性较次的人所设的法门。二位互补，可以接引上中下各色人入道，如果各执己见，眼前便会失去求道人，而且在领悟上都有未尽之处。"

王阳明的话，跟佛家所用法门相似，见解也一致。无论善恶观念，以及烦恼、痛苦等，都是空性，悟性高的人可以直接从空性悟入，一旦悟到它们只是一个 0，心便清净了。悟性较差的人认为善恶观念是有，烦恼、痛苦也是有，好像有个东西堵在心里一样，那就要做格物工夫，把这些没用的东西格掉。但善念有益无害，用不着格掉，反倒可以加强。当工夫做到一定程度，有可能悟到其性本空，即使悟不到，有一腔善念总是好的，不能为圣贤，也能为君子了！圣人无善无恶，"从心所欲"，高高兴兴地做自己喜欢的事，做的全是常人认为的善事，如果你带着善念做善事，做的事其实跟圣人一样，只不过你认为这是善事，圣人却不认为是善事，区别只在内心体验上。

还有一次，王阳明带着弟子在花园里除草。薛侃忽然大发感慨说："天地间的事真是不可理解，为什么善总是难以培育，恶却又难以去除？"

王阳明说："因为你没有培育，没有却除。"过了一会儿，又说："你这样看待善恶，一起念便错了。天地之间，花草都是生命，岂有善恶之分？人要赏花，便以花为善，以草为恶；一旦要用草，草又成了善的。所以，事物的善恶，皆因人的好恶而生。"

薛侃不服："如先生所说，世间没有善恶之分了？"

王阳明说："无善无恶者理之静，有善有恶者气之动。不动于气，即无善无恶，这就是所谓的至善。"

薛侃问："这与佛教的无善无恶有什么差别？"

王阳明说："佛家立意在无善无恶上，便一切事都不管，不可以治天下。圣人的无善无恶，是要求人不动于气，不要故意去作好、作恶。"

薛侃问："草既非恶，那么草不宜除掉了？"

王阳明说："你这便是佛氏、老子的意见了。草若有碍，何妨去掉？"

薛侃说："这样便又是作好作恶了。"

王阳明说："不作好恶，不是全无好恶。所说的'不作'，只是好恶一循于理，不去刻意着一分意思。如此，就是不曾有好恶一般。"

薛侃问："就除草这件事来说，怎样一循于理、不着意思呢？"

王阳明说："草有妨碍，理应除去，那就去掉罢了。偶尔没有拔除，也不累心。如果着了一分意思，心体便有拖累负担，便有许多动气处。"

薛侃问："按您的说法，善恶全不在物上了？"

王阳明说："只在你心上，循理便是善，动气便是恶。"

薛侃说："说到底物还是无善恶。"

王阳明说："在心如此，在物亦然。那些俗儒不知道这个道理，才舍心逐物，将格物之学看错了，终日驰求于外，终身糊涂。"

薛侃问："那又该怎样理解'如好好色，如恶恶臭'呢？"

王阳明说："这正是一循于理。是天理合该如此，本无私意作好恶。"

薛侃说："如好好色，如恶恶臭，难道没有一分个人的意思？"

王阳明说："那是诚意，不是私意。诚意只是循天理。虽是循天理，也着不得一分廓然大公，才是心之本体。"

另一个学生问："您说'草有妨碍，理亦宜去'，为什么又是躯壳起念呢？"

王阳明有些不耐烦地说："这个问题，你该自己去体会。你要去除草，是个什么心？周濂溪'窗前草不除'，是什么心？"

最后，王阳明总结说："若见得大道，横说竖说都能说通。若此处通，彼处不通，只是未见得大道。"

在上面的谈论中，王阳明已经将"兀善兀恶"的问题讲得很清楚了，能不能理解，全看各人的悟性。很多人听了可能会更糊涂，因为他们理解事物时，往往不能依循一定的标准，而是不时地变换标准，一会儿从道德、法律的角度看问题，一会儿从人我的立场看问题，一会儿从切身利益看问题，而且头脑中的概念不时变换，常犯"偷换概念"的逻辑错误。

跟王阳明学绝学：王阳明以"无我"之心，始终站在"天理"的角度看问题，你必须以此角度，才明白他说了什么。

修身俟天命

【王阳明语录】

若曰死生夭寿皆有定命，吾但一心于为善，修吾之身，以俟天命而已，是其平日尚未知有天命也。事天虽与天为二，然已真知天命之所在，但惟恭敬奉承之而已耳；若俟之云者，则尚未能真知天命之所在。——《知行录》

【语录精解】

如果有人说"生和死、短命和长寿都有定数，我只是一心向善，修养自身，以待天命而已"，这是他平日尚不知道有天命。顺从天命，虽然天、人分为二体，倘若已经知道天命之所在，只需恭敬奉承它就行了；如果还要"待天命"，说明还不知道天命之所在。

真正的悟道，按佛家的观点，在于"明了生死大事"。王阳明也认为，如果在生死问题上"见得破，透得过，此心全体方是流行无碍，方是尽性命之学"。凡人心里塞着一个大大的"我"字，把这条命看得太重，并且认为，活着时的享受才是真的，一旦死了，一切便与自己无关。正因为如此，大家都急急忙忙地占有和享有，一切烦恼、痛苦都因此而生。得不到时为得不到痛苦，得到了却又为"生不带来，死不带去"痛苦。只有明了生死大事，悟到了生命的永恒，活到可生可死的境界，烦恼、痛苦才会解除。正如老子所说："吾所以有大患

112

者，为吾有身，及吾无身，吾有何患？"

王阳明认为"吾心即宇宙"，心与天理不二，那么天命岂不是在自己心里吗？所以他不认同"修吾之身，以俟天命"这句话。

但"修吾之身，以俟天命"确实是一句得道的话，跟王阳明的意旨也没有不合之处。王阳明将"俟"解释为等待，但"俟"字含有顺其自然的意思，并无所执。无论顺应"天命"或王阳明所说的"良知""天理""性"，都是一个意思。

王阳明认为，人不应该太看得生死而要顺从天理，他说："只为世上人都把生身命子看得来太重，不问当死不当死，定要宛转委曲保全，以此把天理却丢去了。忍心害理，何者不为？若违了天理，便与禽兽无异，便偷生在世上百千年；也不过做了千百年的禽兽。学者要于此等处看得明白。比干、龙逢只为他看得分明，所以能成就他的人。"王阳明这些话，大概只能算是"方便说法"，拣别人听得懂的说，因此有所滞着。这也无可奈何，对那些没有"明了生死大事"的人谈生死，如同对牛弹琴，怎样都谈不通。

"明了生死大事"不容易，有时需要经历生死考验才"见得破，透得过"。生活中，有些人把自己的命看得不值钱，无故冒生命危险，甚至自寻死路。他们也许真的不怕死，但他们怕活，跟怕死其实没有两样，都是"魔障"，跟悟道者的通透大不一样。悟道者不怕死也不怕活，不怕幸福也不怕痛苦，他们把生命看成无价之宝，到了需要交出去时却又毫无留恋。若问他们的境界，只是修身俟天命而已！

王阳明的悟道，经历了无数生死考验。当时，奸宦刘瑾等"八虎"乱政，老臣刘健、谢迁等人联合言官们上奏明武宗，请诛刘瑾，被刘瑾诬为奸党。南京户部给事中戴铣等21人请求留刘健、谢迁，被刘瑾逮捕，廷杖除名，打入大牢。时年37岁的王阳明不避祸患，毅然

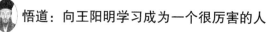

上书援救。刘瑾大怒，将王阳明廷杖四十，死而复生，又罚跪于金水桥，然后下狱审判，贬谪到贵州龙场驿。

王阳明去龙场驿途中，刘瑾尚不甘心，派人追踪在后面，企图加以暗杀。王阳明意识到了危机，到了钱塘江边，留下一首《绝命诗》，又取下鞋帽，放在岸边，制造投江自杀的假现场。跟踪者信以为真，拿着鞋帽和《绝命诗》回京复命去了，王阳明侥幸逃过了追杀。

但他的危机并未过去，当他搭乘商船行至舟山时，飓风大作，商船漂泊到闽北。他登岸进入武夷山，晚上想入一座寺庙求宿，寺僧却不肯收留。他只好暂宿在一座无人的野庙中，不料这正好是老虎栖息的巢穴，夜半时分，老虎回到野庙，见一人伏睡香案，绕廊大吼，却不敢入内。第二天，寺僧以为王阳明必已葬身虎腹，来取他的包裹，却见他伏案未醒，料知此人不是常人，于是请入寺中，殷勤招待。

龙场驿位于今贵阳市西北 80 里许的修文县城区，地处万山丛棘之中，虫蚁怪兽横行，蛊毒瘴疠弥漫，四境荒凉，人烟稀少。王阳明刚到这里，既无住房，又无粮食，只好栖居山洞，亲手种粮种菜，折薪取水，苦熬度日。他自幼长于高官贵戚之家，养尊处优，突然面临如此恶劣的环境，苦楚又倍于常人。更不幸的是，他还患了虚痨肺病，生存更觉艰难。他深知随时都有倒毙荒野的危险，"自计行失荣辱皆能超脱，惟生死一念，尚觉未化"，但他的性格是，越是害怕什么，越是迎头而上。于是，他做了一副石棺材，指天发誓说："吾惟俟命而已！"从此，他经常躺在石棺材里，努力对抗怕死的念头，"日夜端居澄默，以求静一"；时或歌诗谈笑，故作潇洒。

一天夜里，他忽然觉得"心中洒洒"，仿佛有人对他说话，于是"大彻大悟格物致知之旨"。他又以平时背熟的"五经"来印证他彻悟的一切，莫不吻合。从此，他不仅悟了圣人之道，也对生死大事洞然明白，进入了无忧无畏的境界。

　　跟王阳明学绝学：佛祖曾说：生命在呼吸间。一呼一吸中，包含着一生一死的异数，很悠长也很短暂。人应该用这或长或短的生命干什么呢？吃喝玩乐都是幻景，功名利禄都是烟云，什么才是真正重要的呢？弄清了这个问题，或许就能明了生死大事了！

"戒慎恐惧"即是良知

【王阳明语录】

能戒慎恐惧者，是良知也。——《知行录》

【语录精解】

能够戒慎恐惧，就是良知了！

今天的人经常高喊"自由"，但是，什么是自由？很显然，你可以按自己意愿说话、办事、思考，你就享有自由；你想说的话不能说、不敢说，你想做的事受到他人限制，你就不得自由。

那么，自由是谁给予的呢？有人以为是别人给予的，不自由的原因是别人造成的。员工厌恶老板不给行动自由，学生厌恶老师、家长不给表达天性的自由。事实上，自由主要靠自己给予，良知才是自由的真正主宰。你讲道德、讲规则，凡事与人为善，所言所行都受到大家欢迎，那么，你爱怎么说、怎么做都可以，他人和政府为什么要限制你的自由呢？孔子"从心所欲而不逾矩"，他想做的事正好都符合道德规范，不符合规范的事他从不想做，所以，他享有充分的自由，从来不需要向政府要求"言论自由"。

反之，你乱说乱动，自由就要受到限制了。阿Q梦想"想什么就是什么，想谁就是谁"，这样的自由能给他吗？他恃强凌弱，欺负小尼姑，还说什么"和尚摸得，我为什么摸不得"，这样的自由他应该享有吗？他可以有"恋爱自由"，但他不讲恋爱规则，搞"性骚扰"，拉着吴嫂想"困觉"，结果被赵太爷用"哭丧棒"揍了一顿。不自由的人往往是因为他们想拥有不该拥有的自由，这是真正的不自由。

真正自由的人，服从自我良知的管理，以"戒慎恐惧"为修养。"戒慎恐惧"出于子思的"戒慎乎其所不睹，恐惧乎其所不闻"，大意是：害怕做错事，即使别人不见；担心说错话，即使别人听不见。王阳明对这句话备极推崇，经常拿出来跟学生讨论。他说："君子戒慎于不睹不闻，省察于莫见莫显，使其存于中者，无非中正和乐之道。"你用不着别人来判断你做得对不对、说得对不对，你只要自己心中有数就行了。不管别人能否看见、听见，你坚持做正确的事、说正确的话，内心自然"中正和乐"。

有的人不然，人前人后不一样。老板不在时，随便玩电脑游戏、上网聊天，老板来了，便装成勤奋工作的模样；跟老板说话时，一脸敬畏，一副"好孩子"的模样，转过脸，便一脸轻蔑，哼道："有什么了不起？换个位置，我比你强多了！"这样的人多么不自由！他想做的事、想说的话正好都是不能做、不能说的，内心岂不烦恼丛生？

一个人不知戒慎恐惧，只会随流性转应付环境，他就成了环境的奴隶；一个人服从良知，他才是自己的主宰。

有一次，许衡和几位朋友冒着酷暑赶路。到了中午，他们又渴又饿，却无处可以买吃的。当时正是兵荒马乱，百姓四处逃散，方圆百里之内，十室九空。后来，他们来到一个村庄，里面的人全跑光了，但路边有一棵梨树，树上果实累累。同伴们大喜，争先恐后地爬到梨树上摘梨子吃，许衡却在树下正襟危坐。同伴们诧异地说："你等什么？快上来吃梨子吧！"

许衡说："不是自己的东西，不能随便吃。"

同伴说："乱世的梨子，早就没有主人了。"

许衡正色道："梨子没有主人，难道我心里也没有主人吗？"

许衡终究没有吃这些梨子。

许衡不愧是一个懂得"戒慎恐惧"的人，他怕的不是别人，而是自己的良心。当他无条件服从心中的"主人"时，他的思想是自由的，

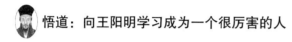

他的智慧是清明的，他的言行也必然受到大家的欢迎。后来，他成为一代宗师，是元代著名的思想家、教育家。

一个人只有在无人监督的情况下也能坚持做正确的事，才能真正成为自己的主人。"戒慎恐惧"看似自我设限，得到的却是自由。好比走路，人眼前始终只需要一条路，用不着惦记每一条路。

跟王阳明学绝学：人以戒惧之心，约束自己走在一条正确的道路上，你就可以随心所欲地去任何地方。那不是真正的自由吗？

随人欺慢，处处得益

【王阳明语录】

人若著实用功，随人毁谤，随人欺慢，处处得益，处处是进德之资。若不用功，只是魔也，终被累倒。——《知行录》

【语录精解】

人如果实实在在地用功，任由别人怎样诋毁、诬蔑，任由别人怎样欺侮、怠慢，处处都可以得益，都是培养道德的资粮。如果不用功，别人的诋毁、诬蔑、欺侮、怠慢都会变成"魔障"，终究会被它们累倒。

王阳明一向推崇"动忍增益"的工夫，其要旨类于佛家"忍辱"的修养。佛家所谓"辱"，包括身心所受任何苦楚，忍辱即忍一切苦，把这项工夫做好了，才能得一切乐。王阳明所谓"辱"，主要指外人施加的窘辱。

"动忍增益"有两个要点：

第一个要点是"动忍"，对别人的窘辱要忍得住。他说："依此良知，忍耐做去，不管人非笑，不管人毁谤，不管人荣辱，任他功夫有进有退，我只是这致良知的主宰不息。"

但是，忍耐并不是一件容易的事，俗话说："人争一口气，佛争一炷香。"佛不一定喜欢争一炷香，人却喜欢争一口气，自己没做错什么，却被别人说闲话，被别人嘲笑、侮辱、毁谤，这口气如何咽得下？俗话又说："人要脸，树要皮。"被人耻笑、非议，丢脸了，这

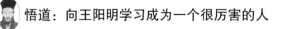

脸面不找回来如何做人？

"忍辱"不易，怎么忍呢？你需要做工夫。一项工夫是"抗打击"工夫。拳王所以成为拳王，不仅因为他能打，也因为他能挨打，对方的拳头打在脸上，晃晃脑袋，没事！这工夫一定是平时挨了不少打练成来的。你要成为心灵的拳王，平时应该多挨打。宋朝的寒晦禅师和拾得禅师是好朋友，有一次，寒晦问拾得："人家谤我、欺我、辱我、笑我、轻我、蒙骗我，应该如何应对？"拾得说："只可忍他、由他、避他、耐他、敬他、不要理他。"拾得所说的，就是提高"抗打击能力"的方法。有的人被别人一句话就激得跳起来，乃至寻死觅活，摸刀杀人，这工夫太差了。别人招惹你或许不对，但你被人一指点倒，还因为自身太弱，不过是个"心灵婴儿"而已！那么，你应该把窘辱你的人当免费"陪练"，使心灵变强。

一项工夫是"慈悲喜舍"工夫。这是佛家的上乘工夫。别人窘辱你，一定是有原因的，也许你做错了什么而不自知，也许你没有做错而对方理解错了，自招其病，值得你同情而不是愤恨。打个比方，一个病人痛苦不堪，大喊大叫，大哭大骂，当此之时，你是什么感受？你应该庆幸害病的不是自己，即使挨了骂，也该知道对方的骂声其实不是骂声。同样的道理，别人无故窘辱你时，内心一定正受到欲火、妒火、怒火或其他种种邪火的焚烧，心里病得很重，以致言行失控，跟感冒发烧说胡话一样，你又何须计较呢？

第二个要点是"增益"。当你把"动忍"工夫做好了，自然受益匪浅，正如王阳明所说："久久自然有得力处，一切外事亦自能不动。"但王阳明并不满足于"力"的增长，还要求通过"动忍"，将别人的"毁谤""欺慢"变成"进德"的资粮。

《永嘉真觉禅师证道歌》说："从他谤，任他非，把火烧天徒自疲。我闻恰似饮甘露，销镕顿入不思议。"别人的毁谤、非议怎么可能是"甘露"呢？其实，无论别人赞美你也好，非议你也好，都只是一句话，你将一句句话染上了颜色，才影响了你的心情。好比下雨，是一种自然现象，你强自分成好雨、苦雨，心情便变得不同了。你若以自然之心看待别人的话，不认为那是毁谤、非议，那么，你通过别人的话，得到的就是真知而不是坏心情。

打个比方，你是一个服装商人，卖的都是名牌时装。但顾客时常会"毁谤""非议"说，"这件衣服的颜色太差了"，"太贵了，根本不值这个价"，"款式太旧，卖给'50后'还差不多"……当顾客"胡说八道"时，你若跟他们怄气，那就太傻了。一方面，"嫌货才是买货人"，顾客对你的衣服提出不满，说明他们很感兴趣，否则何必多费口舌？一方面，顾客的零言碎语中，透露了许多宝贵的信息，你若善于分析，可以了解不同性别、年龄的顾客的消费水平和消费习惯。所以说，这些"嘴臭"的顾客正是你的好顾客，你可以通过他们大获其益，你正应该爱他们，怎么可能恼恨他们呢？

在生活中，对你没好处的只是那些跟你做了十年邻居却不知道你的名字的人，那些"毁谤""欺慢"你的人，都是你的"潜在顾客"，都可能有益于你，关键看你有没有"增益"工夫。

王阳明的"动忍增益"工夫做得很好，虽然"毁谤""欺慢"几乎伴随他一生，他总能得其利而避其弊，使自己的德业、事业双获丰收。

王阳明谪居贵州的龙场驿时，是他一生最倒霉的时候，他却将之变成了幸运的开始。驿站主要负责来往官员、信使的接待工作，相当于官方招待所、邮电局，龙场驿地处万山丛中，一个月都难得搞一次接待工作。王阳明有大量空闲时间，于是开设龙冈书院，免费给爱学习的人讲学。慕名而来者很多，他因此名声大噪。龙场驿属思州管辖，思州太守不知为了耍威风，还是嫉妒王阳明的名声，无故派人前来捣乱。当地群众看不过去，自发组织起来，将那些公差打走了。

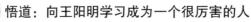

思州太守更是恼怒，上告王阳明不服管教、聚众闹事。思州按察副使毛应奎是王阳明的余姚同乡，担心他受害，于是出面斡旋，劝他去向太守赔个不是。此时，王阳明还没忘了按良知做事，一方面，他认为当面道歉不合情理，只会助长对方的歪风邪气；一方面，他却又愿意做一回"矮子"，给太守一个台阶下。于是，他给毛应奎写了一封措辞恳切的信：

"昨承遣人喻以祸福利害，且令勉赴太府请谢，此非道谊深情，决不至此，感激之至，言无所容！但差人至龙场陵侮，此自差人挟势擅威，非太府使之也。龙场诸夷与之争斗，此自诸夷愤恨不平，亦非某使之也。然则太府固未尝辱某，某亦未尝傲太府，何所得罪而遽请谢乎？跪拜之礼，亦小官常分，不足以为辱，然亦不当无故而行之。不当行而行，与当行而不行，其为取辱一也。废逐小臣，所守待死者，忠信礼义而已，又弃此而不守，祸莫大焉！"

他表明，跪拜太守，是他这个小官应尽的礼仪，没有什么不可以。但太守没错，自己也没错，如果道歉，反见得双方有错了。接下来，他又写道，自己"瘴疠蛊毒之与处，魑魅魍魉之与游，日有三死焉"，言下之意，到了这种地步，怕死也无益，太守如果不依不饶，他也没有办法。

结果，"太守惭服"，再也不来找王阳明的麻烦。而当地的秀才、卫所官员更是仰慕他的为人和学问，纷纷上门求益。安宣慰还派人送来米、肉、仆役、金帛、鞍马等，王阳明只收下一些生活必需品，其余的都逊谢不受。

王阳明受到太守的"欺慢"和"毁谤"，他本着良知不动心，得体地处置，结果坏事变好事，他的处境反倒比以前好多了，名声也比以前更大了。

《佛遗教经》说："能行忍者，乃可名为有力大人。若其不能欢喜忍受恶骂之毒，如饮甘露者，不名入道智慧人也。"

跟王阳明学绝学：一点羞辱都不能忍，像炸药一样一点就炸的都是小人物，那些能够"忍辱"的人，才可能成为有大智慧、大才能的人，才可能办成大事，成为大人物。所以，对人生事业来说，"忍辱增益"的工夫很重要！

～☙ 招灾惹祸的四大原因 ☙～

【王阳明语录】

殃莫大于叨天之功，罪莫大于掩人之善，恶莫深于袭下之能，辱莫重于忘己之耻，四者备而祸全。——《辞封爵普恩赏以彰国典疏》

【语录精解】

灾祸没有比贪占天然的功劳更大的，罪行没有比掩盖他人的好处更大的，过恶没有比剽窃下属的才能更深的，侮辱没有比忘记自己的羞耻更重的。如果四者皆备，引起灾祸的全部条件便成熟了！

王阳明平定宁王朱宸濠叛乱，功莫大焉，嘉靖皇帝诏令"王守仁封伯爵，给与诰券，子孙世世承袭，照旧参赞机务"，不久后，又诏令"王守仁封新建伯，奉天翊卫推诚宣力守正文臣，特进光禄大夫柱国，还兼南京兵部尚书，照旧参赞机务，岁支禄米一千石，三代并妻一体追封"。王阳明接到诏命后，没有欣喜若狂，没有自鸣得意，而是诚惶诚恐、忐忑不安，当即上了一道奏疏——《辞封爵普恩赏以彰国典疏》，言辞恳切地请求皇上废除对自己封赏的恩典。在奏疏中，他留下了一段经典名言："殃莫大于叨天之功，罪莫大于掩人之善，恶莫深于袭下之能，辱莫重于忘己之耻，四者备而祸全。"

王阳明认为，平叛成功，一是时势使然，二是大家的努力，并非他一人之功，因此不宜独受大赏，否则就是"叨天之功""掩人之善""袭下之能"而"忘己之耻"了，否则就会自招其祸。

王阳明是惺惺作态、故作谦逊吗？好像不是。他心体"良知"，对这件大功，有着非常清醒的认识。在奏疏中，他一一分析了不敢受封的理由。

何谓"叨天之功"？他说："宁藩不轨之谋，积之十数年矣，持满应机而发，不旬月而败，此非人力所及也。上天之意，厌乱思治，将启陛下之神圣，以中兴太平之业，故蹶其谋而夺之魄。斯固上天之为之也，而臣欲冒之，是叨天之功矣！"王阳明的话很有道理，当时明朝国运虽已渐衰，官场腐败昏暗日益严重，但全国大部分地方还没有到民不聊生的程度，希望"变天"的人属于少数，宁王朱宸濠点起了反叛之火，却缺少"柴草"，难以燃起燎原之势。表面看，局势由少数精英左右，实际上，国运从来都由广大民众主宰。但是，只有王阳明一流智者能清醒地认识到这一点。

何谓"掩人之善"？王阳明说："先宁藩之未变，朝廷固已阴觉其谋，故改臣以提督之任，假臣以便宜之权，使据上游以制其势。故臣虽仓卒遇难，而得以从宜调兵，与之从事。当时帷幄谋议之臣，则有若大学士杨廷和等，该部调度之臣，则有若尚书王琼等，是皆有先事御备之谋，所谓发纵指示之功也。今诸臣未蒙显褒，而臣独冒膺重赏，是掩人之善矣！"

王阳明将功劳归于上级领导的"英明决策"，虽有过誉之嫌，也不无道理。尤其是兵部尚书王琼，慧眼识阳明，并力劝朝廷给予阳明便宜行事的权力，使阳明在平叛过程中能随心所指，不受掣肘，又在朱宸濠即将发动叛乱时，有意"大材小用"，调阳明去福建平定一个下级军官的哗变，使阳明躲过了朱宸濠的挟持。可以说，没有王琼的支持和保护，王阳明自身性命尚且难保，哪有成就大功的机会？

何谓"袭下之能"？王阳明说："变之初起，势焰焰炽，人心疑惧退沮。当时首从义师，自伍文定、邢珣、徐琏、戴德孺诸人之外，又有知府陈槐、曾玙、胡尧元等，知县刘源清、马津、傅南乔、李美、李楫及杨材、王冕、顾佖、刘守绪、王轼等，乡官都御史王懋中，编修邹守益，御史张鳌山、伍希儒、谢源等，诸人臣今不能悉数，其间或催锋陷阵，或遮邀伏击，或赞画谋议，监录经纪……夫倡义调兵，虽起于臣，然犹有先事者为之指措。而戮力成功，必赖于众，则非臣一人之所能独济也。乃今诸将士之赏尚多未称，而臣独蒙冒重爵，是袭下之能矣！"

王阳明在奏疏中，指出了很多智勇之士的功劳，表明平定叛乱，全靠大家努力，功劳也是大家的。事实也是如此，成就任何事业，都要靠大家齐心协力、众志成城。无论领导或下属，都只是一台机器中的一个部件，一个部件失灵，便会影响全体；而功劳也不能尽归于某个"重要零件"。但在现实中，很难真正做到"按劳付酬"，好处往往尽归于那些领军人物，这是大家心理上基本可以接受的"分配方式"，但未必公平合理，永远有改进余地。许多独领功劳而大受其益的人，不知自己侵占了他人的功劳和当得利益，反倒沾沾自喜、自夸自傲，未免恬不知耻。王阳明作为受益者，能清醒认识到这一点，难能可贵；能坦然地讲出来，其精神境界确实令人敬佩。

何谓"忘己之耻"？王阳明说："夫周公之功大矣，亦臣子之分所当为。况区区犬马之微劳，又皆偶逢机会，幸而集事者，奚足以为功乎？臣世受国恩，碎身粉骨，亦无以报。缪当提督重任，承乏戎行，苟免鲦旷，况又超擢本兵，既已叨冒逾分。且臣近年以来，忧病相仍，神昏志散，目眩耳聋，无复可用于世。兼之亲族颠危，命在朝夕。又不度德量分，自知止足，乃冒昧贪进，据非其有，是忘己之耻矣！"

王阳明认为，为臣尽忠，为官办事，只是本分上的事，办好了谈不上功劳，况且自己身体不好，应该有自知之明，退休回家。况且父亲老病，自己也该回家尽孝，如果贪图封赏，急功冒进，那就是无耻了。

王阳明能认识到自己所做的事只是"臣子之分所当为"，难能可贵。

王阳明此次上疏推辞封赏，未准；后来再度上疏辞封，仍不准，皇上还是将他该得的封赏给了他，论实绩，他的功劳毕竟很大。

但王阳明跳出自身得失之外，凭"良知"说话，确实说出了祸福的基本道理：人生最幸福且最幸运的事，莫过于做自己该做的事，赚自己该赚的钱，过自己该过的日子，享自己该享的福。如果拿不准当得不当得，不妨学学王阳明，争低不争高，争少不争多，亦不失为避祸良方。

跟王阳明学绝学：人若是起了贪婪心，希求不当得之名利权势，离灾祸就近了，即使不受明里的损失，也必遭暗里的报应，伤身伤心伤神，甚至留下遗毒，害了儿孙。那又何必呢？

王阳明不是政客，不会长袖善舞以经营权势，但他是一个好官，懂得如何用良知、智慧经营一方福利，修己以安人，也懂得如何在混浊的官场保德全身。

第五章
王阳明的为官绝学

做官就是做学问

【王阳明语录】

居官无修业之益，若以俗学言之，诚是如此；若论圣门所谓德业者，却初不在日用之外。——《知行录》

【语录精解】

当官对学业无益的说法，如果以俗学来看，确实如此；如果以孔圣人所谓"德业"来论，起初却并不是在日常应用之外。

孔门起初的主张是"仕而优则学，学而优则仕"，做学问和做官原本不必分家，那时候春秋纷乱，诸侯并列，对人才的需求量很大，而教育又不发达，人才供不应求，只须读几年书，识得一些字，就有当官的机会。那是读书人的"黄金时代"。

后来秦始皇统一六国，刘邦接着完成了统一大业，对官员的相对需求减少了，随着教育的日益发达，人才增多了，渐成过剩歧视，多数读书人注定没有做官的机会，于是做学问和做官便分家了，读书人中亦有"清流"和"俗流"，"清流"专做学问，摆高姿态；"俗流"一门心思求官，学问只是点缀。但大部分读书人并不是绝对"分流"，只能算"二流子"，"清流"若捞到做官机会，便屁颠颠地跑去赴任，甘心变作"俗流"。"俗流"一旦丢了官，暂时只能客串"清流"，发表一下"不为五斗米折腰"的高调言论。当然也有郑玄一类的真正"清流"，皇帝勉强用轿子把他抬去，封一个高官，他还要想方设法逃跑。还有更多真正"俗流"，未当官时削尖脑袋钻营，丢了官便忧

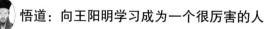

愁得想自杀，为了保官位什么都肯干。

以此观之，做官和做学问原本不一定要分家，只因大势所趋，才被迫分了家。王阳明主张"知行合一"，在他看来，做官就是做学问、修德业，他当了官并不觉得自己俗，没当官也不故作高雅。

王阳明做官，真的像做学问、写文章一样，定主题、找素材，有起有承，虎头豹尾，且行文流畅，让人赏心悦目。

权奸刘瑾倒台了，王阳明作为"受迫害"官员，自然"平反昭雪"虽不能官复原职，也被调离龙场驿，升为庐陵（今江西吉安）县令。官不大，但可以用来实践他的"致良知"学说，实施善政。

庐陵是一个小县，因世风不正，苛捐杂税太多，民风大坏，盗匪横行。而且该地是有名的"健讼"之地，百姓喜欢打官司。王阳明刚上任，便有上千乡民拥入县门，号呼动地，要求宽免葛布的摊派。王阳明通过调查，得知此地不产葛布，摊派确实不合理，而上司却不顾这些，坚持摊派，还想逮捕主管钱粮征收的小吏陈江等人。王阳明没想到一上任就遇到这么一件强烈考验"良知"的事情，但他没有畏惧，毅然向上司陈情，备述该县民众的苦楚，并以客观数据支持自己的观点——"本县地方，自来不产葛布，原派岁额，亦不曾开有葛布名色，惟于正德二年，蒙钦差镇守太监姚案行本布政司，备查出产葛布县分，行令依时采办，无产县分，量地方大小，出银解送收买。本县奉派折银一百五两。当时百姓唉唉，众口腾沸。江等迫于征催，一时无由控诉，只得各自出办赔贩。正德四年，仍前一百五两，又复忍苦赔解。今来复蒙催督买办，又在前项加派一百五两之外。百姓愈加惊惶，恐自此永为定额，遗累无穷。兼之岁办料杉、楠木、炭、牲口等项，旧额三千四百九十八两，今年增至一万余两，比之原派，几于三倍……民产已穷，征求未息……今来若不呈乞宽免，切恐众情忿怨，一旦激成大变。为此连名具呈，乞为转申祈免等情"。他还请求宽免陈江等人，并强烈表示，若逮捕陈江等人，自己愿意为其辞职代罪，"其有迟违等罪，止坐本职一人，即行罢归田里"。

经王阳明力争，此事终告平息，葛布的摊派获减免，陈江等人也未被逮捕。

但是，从这件事，他也看到了此地的弊端，因此定下了施政主题：移风易俗，平息讼风。

王阳明发布了上任后的第一道告示——《告谕庐陵父老子弟书》，他首先谦虚地说：因为我这个县令不太聪明，判断力不强，而且体弱多病，不能太忙，因此跟大家约定：如果不是万不得已的事，不要随便打官司。诉讼时只能谈一件事，不要拉扯上很多事。写状约不能超过两行，每行不能超过三十个字，超过了就不受理。故意违反约定者给予惩罚。

他还建议懂礼知法的父老们告诫自家的子弟，务必"息争兴让"，因为"一朝之忿，忘其身以及其亲，破败其家，遗祸于其子孙。"

为了培养淳厚老成的风气，他借鉴了汉朝刘邦发明的"三老"政治，起用德高望重的"三老"，即老吏、老幕、老胥。一般来说，老人的反叛精神不强，比较保守，他们的地位提升后，可以有效约束那些轻率好斗的年轻人。

但庐陵"健讼"的风气已久，不是那么容易改变的，虽然王阳明苦心婆心地劝告，当地人打官司的热情还是很高。王阳明干脆使了个"绝户计"，并起衙门不"放告"，同时写了一个文告说明不受理官司的理由：我之所以不放告，是因为现在正是播种季节，放告之后，你们为了打官司，如果误了农时，终岁无望。必将借贷度日，而且一打官司，四处请托送礼，助长刁风，为害更大。你们当中若果真有冤枉者，我自能访出，我不能尽知者，也会有乡老据实呈报给我。他们若呈报不实，我会治他们的罪。我为政日浅，还没有取得你们的信任，未有德治先行法治，我不忍心。如果你们不听劝告，偏要打官司，我就没办法了，请你们不要自找后悔。

他的真诚，感动了很多人，有的人负气告状，被感动得涕泣而归；

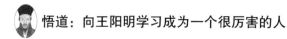

那些好打官司的人也开始被人们瞧不起。王阳明又对诬告者实施反坐法，使那些奸猾之徒不敢无事生事。于是，庐陵的讼风大减，监狱日见清静。

但是，上天好像有意考验王阳明似的，他上任的这一年，亢旱无雨，火灾流行。面对天灾，王阳明也没有什么太好的办法，一方面，他下令停止征税，释放轻罪犯，同时从心理上进行抚慰，将天灾的过错归咎于自己，说是因为自己不称职，才触怒神人，为此他还斋戒"省咎"，同时告诫百姓"解讼罢争，息心火，勿助烈焰"。用今天的科学观点来看，王阳明的这套说法自是无稽之谈，天灾跟他有什么关系呢？无论百姓顽劣还是老实，天灾照样还会降临。但是，古人说，"圣人设神道以教人"，王阳明本人未必信神，但老百姓信这个，暂时借助一下老百姓的迷信，起到安抚人心、稳定局面的作用，也可以算是"方便说法"。

王阳明任庐陵县令的时间仅七个月便获升迁，但在这短短的时间里，他慎选里正、三老，立保甲，清驿道，严禁镇守横征暴敛，杜绝神会，发展生产，搞得有声有色，政绩斐然。尤其是他诚心爱民、勇于负责、智慧通达的风格，在当地人心里留下了美好的印象，如同一篇妙文，让人读之不厌。

做官做到这等境界和水准，也不枉为官一方了！

跟王阳明学绝学：做官，真的像做学问、写文章一样，定主题、找素材，有起有承，虎头豹尾，且行文流畅，才让人赏心悦目。

王阳明为官的五大高招

【王阳明语录】

是非之心，不虑而知，不学而能，所谓良知也。——《知行录》

【语录精解】

知是知非的心，不用思考就知道，不用学习就具备，这就叫"良知"。

真正的智慧，只是明辨是非。但是非之心往往本自具有，好像天生就知道一样，你起心人肯定是错的，你有益于人肯定是对的，有什么不容易知道的呢？

人人都有是非心，但不一定人人都遵从自己的良知。有个年轻人，偷了东西被逮住，他说自己只是初中毕业，不知法，不懂法，才犯了错。偷东西不对，三岁小孩都知道，一个读了初中的成年人居然不知道。

王阳明总是按自己良知去做，言行之间，常存"为善"之念，境界跟普通人大不一样。他无论在哪个地方为官，通常会采用以下五招：

第一招："务求实用，毋事虚言"。

王阳明跟一般喜欢夸夸其谈讲大道理的读书人不一样，他做学问喜欢"简实"，讨厌"繁文"，做官也是如此。他说话、写文告都言简意赅，不喜欢长篇大论，他办事讲求实效，不会被细枝末节的事情扰乱。他对下属的要求也是如此。他在庐陵要求诉状"但诉一事，不

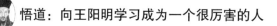

得牵连，不得过两行，每行不得过三十字"，便是他简实风格的体现。他后来统军作战时，凡谋计划策，都依据实际情况，决不凭空构想。他也要求下属注意收集情况，据实呈报。

例如，他的《巡抚南赣钦奉敕谕通行各属》，对下属提出了明确的要求："一应足财养兵弭寇安民之术，皆宜心悉计虑，折衷推求。山川道路之险易，必须亲切画图；贼垒民居之错杂，皆可按实开注；近者一月以里，远者一月以外，凡有所见，备写揭帖，各另呈来，以凭采择。非独以匡当职之不逮，亦将以验各官之所存，务求实用，毋事虚言。"

大凡说话、写文章，文词的修饰，可以扰乱听众、读者的判断力，掩盖真实情况，王阳明要求下属将"水分"挤掉，只送"干货"，有助于保持清醒的判断力，也可以节省时间，提高效率。这一经验，值得所有领导者借鉴。

第二招：人情与法度兼顾。

王阳明重视赏罚，他施赏是为了激励士气，施罚只是为了以儆效尤，却不在于施罚本身，在可能的情况下，他也会在法律许可的范围内，依循人情，尽量减轻惩罚。例如，他率军平定宁王朱宸濠的叛乱后，捕获了数百名从逆官员，其中许多人只是受情势所迫，为保身家性命，不得不服从宁王，并不是真心反叛。王阳明考虑到这一情况，曾一日连上数疏，请求对其中大部官员减轻处罚。《恤重刑以实审伍疏》罗列了二百多个从逆官员的名单，最后请求说："参看得裴良辅等俱曾徒逆，应该处斩。但该司参称宁王平昔威恶惨毒，上下人心罔不震慑；据法在所难容，原情亦非得已。宥之则失于轻，处斩似伤于重，合无俯顺舆情，乞敕该部查照酌量，或将各犯免其死罪，令其永远充军。不惟情法得以两尽，抑且军伍不致缺人。"

《处置从逆官员疏》介绍了一些从逆官员的情况，最后建议说：

"取其罪犯之显暴者，明正典刑，以为臣子不忠之戒；酌其心迹之堪悯者，量加黜谪，以存罪疑惟轻之仁。庶几奸谀知警，国宪可明。"

《处置府县从逆官员疏》也介绍了一批从逆官员的情况，最后建议："参照邢清等被执不死，全无仗节之忠；闻变即逃，莫知讨贼之义，俱合重罪。但责任既轻，贼势复盛，力难设施，情可矜悯。合无行抚按衙门依律问拟，以为将来之戒，惟复别有定夺。"

王阳明的"罪疑惟轻"跟现代"疑罪从无"的原则颇有神合处，都是人文关怀的体现。在那个流行"乱世用重典"的年代，他能站在人性立场，主张对犯法者从轻处罚，确实难能可贵。从中也可体察"致良知"的妙用。

第三招：广求意见。

王阳明无论在何地为官，都必然深入基层，调查研究，了解情况，而且他乐于倾听意见，不分官民，凡有意见，他无不欢迎，他还经常发布公文，广求意见。他在《十家牌法告谕各府父老子弟》非常谦虚地说："本院奉命巡抚是方，惟欲剪除盗贼，安养小民。所限才力短浅，智虑不及；虽挟爱民之心，未有爱民之政；父老子弟，凡可以匡我之不逮，苟有益于民者，皆有以告我，我当商度其可，以次举行。"

王阳明以巡抚之尊，竟然向小民讨主意，其虚怀若谷的情怀，不同凡响。

第四招：主动承责。

王阳明为官，凡管辖范围内的事，没做好的，他都主动承担责任，从不推诿；许多事分明与他无关，他也自负其责。例如，天灾本是老天爷的过错，他也要自我批评；兵灾虽是人祸，但并不是由他引起，他也主动承责。他在《批追徵钱粮呈》，对不得不向百姓征收军粮痛心不已，还说："目击贫民之疾苦而不能救，坐视征求之患迫而不能止，徒切痛楚之怀，曾无拯援之术，伤心惨目，汗背赧颜，此皆本院之罪，

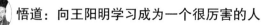

其亦将谁归咎！各府州县官务体此意，虽在催科，恒存'抚'字。"

王阳明的承责，看似虚伪，其实不然，恰是"以天下为己任"的表现。天下事没办好，天下人都有一份责任，按佛家的说法，这是"共业所感"。王阳明是大悟之人，自然能看到自己的责任所在，不会像那些愚人一样说什么"这件事跟我无关"。

第五招：通情达理，主动沟通。

王阳明身领重任，职责所在，有时不得不做百姓不满的事，但他从不恃其强势，使狠蛮干，总是主动向百姓说明情况，寻求谅解。他数次统领大军，平息各路农民起义，以及宁王朱宸濠的叛乱，他当然不能让属下官兵饿着肚子打仗，一应军粮只能从当地征收，军队打扰民众的生活也在所难免。但他情真意切的解释，却能在很大程度上缓解民众的不满情绪。

例如，他在《告谕军民》说："告谕军民人等，尔等困苦已极，本院才短知穷，坐视而不能救，徒含羞负愧，言之实切痛心。今京边官军。驱驰道路，万里远来，皆无非为朝廷之事，抛父母，弃妻子，被风霜，冒寒暑，颠顿道路，经年不得一顾其家，其为疾苦，殆有不忍言者，岂其心之乐居于此哉！况南方卑湿之地，尤非北人所宜，今春气渐动，瘴疫将兴，久客思归，情怀益有不堪。尔等居民，念自己不得安宁之苦，即须念诸官军久离乡土，抛弃家室之苦，务敦主客之情，勿怀怨恨之意，亮事宁之后，凡遭兵困之民，朝廷必有优恤。今军马塞城，有司供应，日不暇给；一应争门等项词讼，俱宜含忍止息；勿辄告扰，各安受尔命，宁奈尔心。本院心有余而力不足，聊布此苦切之情于尔百姓，其各体悉无怨。"

此文实事求是，体谅民众的苦衷，同时也请民众体谅官兵的苦衷，相比之下，官兵们远离父母家乡，还要冒着生命危险作战，即使他们给民众带来了不便，百姓也容易谅解。何况王阳明治军，军纪严明，无事不扰民，更容易跟民众达成情感上的相融。

　　跟王阳明学绝学：生而为人，当有最基本的良心，恪守最基本的良知，否则就会突破做人的底线。做事先做人，做人讲良知，是我们民族最基本的道德准则。我们常讲做人行事，要仰无愧于天，俯不怍于人，其实质就是要无愧于良知。

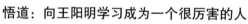

赏不逾时，罚不后事

【王阳明语录】

古者"赏不逾时，罚不后事"。过时而赏，与无赏同；后事而罚，与不罚同。况过时而不赏，后事而不罚，其亦何以齐一人心而作兴士气？——《申明赏罚以励人心疏》

【语录精解】

古代的人"赏不逾时，罚不后事"。赏赐不及时，跟没有赏赐一样；惩罚不及时，跟没有惩罚一样。更何况过时的赏赐都没有，过后的惩罚都没有，那又怎么能使人齐心协力而鼓舞士气呢？

为官治军，赏罚是一件大事中的大事。古代名臣司城子罕说："国家之危定，百姓之治乱，在君行之赏罚也；赏当则贤人劝，罚得则奸人止。"此言将赏罚视为国家的根本大事，并不夸张。赏罚是为了引导和劝止某些行为，以业绩为赏罚标准，下属便会争创优良业绩；以忠奸为赏赐标准，大家就会扮忠臣、批奸臣……

一般来说，赏罚标准越清晰，引导和激励作用越明显。例如以业绩为标准，因业绩易于衡量，大家都看得见，可以投机取巧的地方不多，只好努力创造业绩以换赏赐；以忠奸为标准，因忠奸难辨，总是善于"包装""演戏"的占便宜，难免让人觉得不公平，观念就乱了，人心也散了，岂能不走向衰败？

在历史上，当国家开始走向强盛时，往往以业绩定奖惩，孰忠孰奸，并不分明。当国家开始走向衰败时，往往以忠奸定奖惩，"忠臣谱"和"奸臣谱"都可以拉出一长串名字。其实忠奸并不重要，"奸臣"也可能立功，"忠臣"也可能败事，关键看领导者如何运用和引导。清末刘鹗曾感慨地说："天下事误于奸慝者，十有三四。误于不通世故之君子者，十有六七。""不通世故的君子"都忠得可爱，正因为其忠，凡事问心无愧，敢于固执地坚持自己的主张，而不理会反对意见，焉能不败事？你若细心阅读历史，就会发现刘鹗的话相当有道理。

其实儒学未流行前，君臣关系"庸俗"得多，对忠奸并不那么敏感，君主和下属，一个出钱，一个出力，像做买卖一样，"一分钱一分货"，也可以说，"拿一分钱干一分活"。正如《说苑》所说："君臣相与以市道接，君县禄以待之，臣竭力以报之；逮臣有不测之功，则主加之以重赏，如主有超异之恩，则臣必死以复之。"大意是：君臣关系用市场交易的方式来处理，君王高悬俸禄对待臣子，臣子尽心竭力报效君王。臣子有了意外的功劳，君王就给他重赏。如果君王给予超常的赏赐，臣子就一定效死报答。

很显然，这是以业绩定奖惩的方法。

王阳明为官治军，不仅重视以业绩定赏罚，也强调"赏不逾时，罚不后事"。他认为，如果赏不及时乃至没有赏赐；罚不及时乃至没有惩罚，即使韩信、白起为将，"亦不能有所成"。王阳明本人非常注重赏罚的及时性，他带兵打过许多胜仗，每次战斗结束，便论功行赏，还写过很多行赏的公文。

例如他的《奖励湖广统兵参将史春牌》，不仅写明了给予史春的赏格，还详细说明了史春在桶冈之战中的具体表现："看得桶冈天险，先经夹剿，围困半年，终不能下；乃今一鼓而破，斯固诸将用命，军士效力；实亦湖广兵威大震，有以慑服其心，故破巢之日，不敢四散奔溃，以克收兹全功。访得湖广统兵参将史春，纪律严明，行阵肃整，

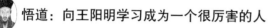

故能远扬威武，致兹克捷，虽兵不接刃而先声以张，相应差官奖励。为此牌差千户高睿赍领后开花红礼物，前去湖广郴州亲送本官营内，传布本院奖励之意，以彰本官不显之功。"

在《犒赏福建官军》中，王阳明说："看得逆贼已经成擒，余党悉渐殄灭，除将各该官兵先行发回外，切照福建漳南相距江西省城，约计程途有一千七八百里之遥；该道（漳南道佥事周期雍）乃能不满旬月，调集各军兵快八千员名之众，首先各省而至。足见本官勇略多谋，预备有素，忠义之诚，足以感激人心，敏捷之才，足以综理庶务，故一呼而集，兼程赴难。除另行旌奖外，及照调来官兵，冲冒炎暑，远赴国难，忠义既有可嘉，劳苦尤为足悯，合加犒赏，以励将来。为此除将支出官银，差官领齐该道；仰抄案回司，即将原调领兵官员，并军兵乡夫人等酌量犒赏，用见本院奖劳之心，以为将来忠勤之劝。"

对于不服从管理或明显犯有过失的下属，王阳明也强调"即行擒拿，治以军法，毋容纵盗，益长刁顽"。由于他赏罚分明、治军严整，所以他的部下立功受赏的很多，因过被罚的倒不多。

"赏不逾时，罚不后事"作为一条领导原则，可应用于任何组织的管理工作中。有的领导者却不是这样，当下属立了功，不肯及时赏赐，只是空口表白："好好干吧！我将来一定不会亏待你的。"凭人家的业绩，你当赏而不赏，已经亏待他了，还说什么以后？当下属犯了错，按制度该进行惩罚，碍于情面，就此算了。假设你的谅解做得合情合理，还可以算你大度为怀。可过了很久，当对方偶犯小错，你想起前事，新仇旧恨涌上心头，于是"二罪并罚"，加重惩罚，这就不对了，下属一定会认为你是一个毫无准则的人，不可信任。

为什么应该"赏不逾时，罚不后事"？当下属立了功，按劳计酬，对赏赐抱有期望，你及时满足了他的期望，他的积极性会更高；如果迟迟不赏，下属担心自己"白干了"，自然因担心而猜疑，因猜疑而怨尤，积极性自然下降，甚至走向"反叛"。当下属犯了错，别人对他当受的惩罚抱有期望，你及时施予惩罚，"以平民愤"，可以满足大家的心理期望，激励作用也很好。

　　跟王阳明学绝学：领导下属，治的无非是心，"得民心者得天下"。你善于以赏罚调动和收服下属的心，成功就有保障了！

重视宣传，美化风俗

【王阳明语录】

教化兴行，风俗可美。后之守令，不知教化为先，徒恃刑驱势迫，由其无爱民之实心。若使果然视民如己子，亦安忍不施教诲劝勉，而辄加棰楚鞭挞？孟子云："善政不如善教之得民也。"况非善政乎？守令之有志于爱民者，其盍思之！——《申行十家牌法》

【语录精解】

教化工作开展起来后，可以使风俗和美。后来的太守、县令，不懂得以教为先，只知道依恃刑法驱使、强势逼迫，那是因为他们没有爱民的真心。倘若真的视百姓如己子，哪忍心不先行教诲、劝勉，而总是加以棒打鞭笞的呢？孟子说："善政不如善教之得民也。"何况不是善政呢？有志于爱民的太守、县令们，好好想想吧！

儒家重教化，用现代话来说，重视宣传工作。孔子说："不教而杀谓之虐。"不先进行教化就运用刑罚，谓之暴虐，那是有良心的官员不肯做的事。通过教化，改变人们的观念，改善当地的风气，该用刑法惩治的顽劣之徒自然就少了。因教化可以使很多人得到"挽救"而免于刑罚，不失为善政。

王阳明是儒士，熟悉儒家的教化之道，并且心首肯之。所以他每到一地为官，"为政不事威刑，推以开导人心为本"，都从教化开始。他任庐陵知县七个月，便发了十三道文告。当时没有报纸、电视，文告是对百姓的主要宣传工具。后来他官任巡抚，军务、政务繁忙，仍亲自写作文告，散发各地，广告周知。

王阳明写文告，从不写那些读之令人生厌的陈词滥调，其文风平实，明白易懂，不卖弄词藻，功力深厚，读来朗朗上口，时有真知灼见，而且他往往摆事实、讲道理，读来令人信服，何况内容确实跟民众切身相关，对民众生活有益，自然不会引起民众的反感。人们争相传抄，很快就能传遍境内。

例如，为了取消神会、禁止迷信，他发了一篇《告谕》：

告谕百姓，风俗不美，乱所由兴。今民穷苦已甚，而又竞为淫侈，岂不重自困乏。夫民习染既久，亦难一旦尽变，吾姑就其易改者，渐次诲尔：

吾民居丧不得用鼓乐，为佛事，竭赀分帛，费财于无用之地，而俭于其亲之身，投之水火，亦独何心！病者宜求医药，不得听信邪术，专事巫祷。嫁娶之家，丰俭称赀，不得计论聘财妆奁，不得大会宾客，酒食连朝。亲戚随时相问，惟贵诚心实礼，不得徒师虚文，为送节等名目，奢靡相尚。街市村坊，不得迎神赛会，百千成群。凡此皆靡费无益……

为了劝民众息讼止争，他写了《告谕各府父老子弟》，循循劝道：

"告谕父老子弟，今兵荒之余，困苦良甚，其各休养生息，相勉于善。父慈子孝，兄友弟恭，夫和妇从，长惠幼顺，勤俭以守家业，谦和以处乡里，心要平恕，毋怀险谲，事贵含忍，毋轻斗争。父老子弟曾见有温良逊让、卑己尊人而人不敬爱者乎？曾见有凶狠贪暴、利己侵人而人不疾怨者乎？夫嚣讼之人争利而未必得利，求伸而未必能

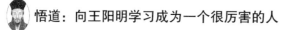

伸，外见疾于官府，内破败其家业，上辱父祖，下累儿孙，何苦而为此乎？"

王阳明不仅教化民众，也教化官吏，经常官民同教。为了筹措军粮、军饷，他不得不下令加重对商人的征收，但同时下令主管官吏不得对商人横征暴敛、任意侵扰，在一定程度上保护了商人的权益。他在《禁约榷商官吏》说："照得商人比诸农夫固为逐末，然其终岁弃离家室，辛苦道途，以营什一之利，良亦可悯！但因南赣军资无所措备，未免加赋于民，不得已而为此，本亦宽恤贫民之意。奈何奉行官吏，不能防禁奸弊……今后商税，遵照奏行事例抽收，不许多取毫厘；其余杂货，俱照旧例三分抽一，若资本微细，柴炭鸡鸭之类，一概免抽。桥子人等止许关口把守开放，不得擅登商船，假以查盘为名，侵凌骚扰，违者许赴军门口告，照依军法拿问。其客商人等亦要从实开报，不得听信哄诱，隐匿规避，因小失大，事发照例问罪，客货入官……"

王阳明的教化之方，不仅仅是发文告而已，他每到一地，往往推行以下三法：

一是颁布"乡约"，建立约长制度，指导和督促民众自治；

二是恢复社学（官督民办的义学），聘请名师，使更多的人受到更好的教育；

三是推行"十家牌法"，这是他模仿古代的连坐法而创的一种新法，其要求是"有不率教者，十家牌邻互相纠察；容隐不举正者，十家均罪"。此法在今天来说不合理，但在当时来说，倒也是一个"以毒攻毒"的方子。不过只能治标，不能治本。王阳明并不喜欢用这种法子，只是不得已而为之罢了。

　　跟王阳明学绝学：王阳明"恳切开谕"，施教化之功，不仅是他为政治民的方法，也是他"知行合一"而"致良知"的道德实践。他的成功，可以告诉人们一件事：加强道德修养、学问修养确实有用，还可以对那些"读书无用论"者掴上一记耳光！

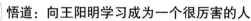 **诚于爱民，忠于谋国**

【王阳明语录】

诚于爱民者，不徒虚文之举；忠于谋国者，必有深长之思。

——《批吉安府救荒申》

【语录精解】

真心爱民者，不会专办那不实在的事；忠心为国者，一定会有深远的考虑。

王阳明提出了一个官员自查的标准："诚于爱民者，不徒虚文之举；忠于谋国者，必有深长之思。"

王阳明为官时，从"致良知"的理念出发，常以诚心爱民、忠心爱国作为对下属官员的要求。例如，他在《批右江道移置凤化县南丹卫事宜呈》中，从正反两方面谆谆告诫说："各官视官事须如家事，刻刻尽心，仰称朝廷之官职，中副上司之委任；内以建自己之功劳，外以垂一方之事业；岂不事立身劳，功成名显，垂誉无穷者哉？若其因循玩愒，绩废事，非独自取败坏，抑且罪现难逃。仰该道备行各官查照施行，期务体勤勤嘱付之意，毋负毋负！"

他在《行浔州府抚恤新民牌》中说："各官务要诚爱恻怛，视下民如己子，处民事如家事，使德泽垂于一方，名实施于四远，身荣功显，何所不可。如其苟且目前，虚文抵塞，欺上罔下，假公营私，非但明有人非，幽有鬼责，抑且物议不容。"

王阳明的爱国爱民，并不只是流于言表，他是一个真做实事的人，而且行事不仅着眼于目前，也着眼于长远，从远近两方面追求实效，选择最优方案。当他平定江西的农民起义后，深切感受到，江西百姓并不是"刁民"，也是有"良知"、有圣人潜质的人，他们的反叛，"或为官府所逼，或是大户所侵，一时错起念头，误入其中，后遂不敢出。此等苦情，亦甚可悯"，靠杀戮只能暂时平息民变，不是长治久安之道。只能从根本上着手，一面加强吏治、减轻压迫；一面赈济灾民、度过饥荒。因此，他要求属下各县，积极赈济贫民，并将赈济工作落到实处。在《批吉安府救荒申》中，他还向其他各县推广崇仁县知县祝鳌申提出的建议：平时预备仓谷，灾荒时将粮食"倍数"借给贫民，待收获季节"减半还官"。由于此法未经实践检验，他还理智、审慎地表示，"此议或可通行，仰布政司再加裁酌议处施行"。他又明确规定，"凡积有稻谷者"，都要照上述办法遵照执行，并要求主管官员亲自发放赈灾粮食，"使贫民得实惠之沾，官府无虚出之弊"。

　　当两广和湖南的瑶族民众暴乱时，朝廷上下一片喊打声，因为王阳明比较能打，所以他被指定为"打手"，出任两广巡抚。但王阳明认为，瑶族的暴乱是民族歧视的结果，一味征剿不是善策，他不想要眼前这个立功机会，因为"良知"告诉他，"欲杀数千无罪之人，以求成一将之功，仁者之所不忍也"！因此向朝廷建议改剿为抚，他说："兵凶战危，圣人不得已而用之者也。"他还认为，"罢兵行抚则有十善"，"穷兵黩武则有十恶"。最后他的建议得到首肯。

　　此后，王阳明不断寻求跟暴动首领们和谈，做了很多工作，通过两年多的努力，暴乱者终于决定走上王阳明给他们指出的"更生之路"，他们齐集南宁城下，向官军投降。王阳明发给他们"归顺牌"，一时间"皆罗拜踊跃，欢声雷动"。为了显示王法的威严，王阳明决定象

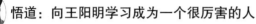

征性地惩治暴动首领卢苏、王受——让他们穿着盔甲接受一百杀威棒。事前，他还不忘了做沟通工作，对卢、王二人说：你们扰害一方，牵动三省，若不惩罚，何以泄军民之愤？卢、王二人并无怨言，欣然接受了一百杀威棒。

于是，这场震动天下的民族纠纷，在"不折一矢，不戮一卒"的情况下，春风化雨般地解决了，"全活数万生灵"，取得了圆满结果。

王阳明以宽仁之策对待被迫揭竿而起的民众，但对怙恶不逡的惯匪却不姑息，实施毫不留情的打击。但在打击时，他并不一味求功，仍然一只眼睛看着国，一只眼睛看着民，考虑问题非常深远。例如，在清剿黔江、府江等八寨老匪时，依据惯例，应从外地调集"狼兵"会剿。但王阳明知道，明军纪律很坏，祸害有时重于土匪，因此民间有"土贼犹可，士兵杀我"的说法。因此，王阳明坚决不同意从外地调"狼兵"，他认为：调集远来的客兵，他们不肯为用，反倒百般求索，耗费地方资财，"欲借此以卫民，而反为民增一苦；欲借此以防贼，而反为我招一寇"。后来，他仅从地方调兵，并且组织民众自卫，实行村村联防，结果，未用大兵，只用当地力量就将八寨土匪剿平了，省时省力省钱粮，唯独王阳明自己不省心，真可谓呕心沥血，为国为民立远谋。

跟王阳明学绝学：王阳明为官，无心于自己的功劳，一切从实际情况出发，他办的事往往能从根本上解决问题，很少留下后遗症。所以他真的有资格说"诚于爱民者，不徒虚文之举；忠于谋国者，必有深长之思"，因为他能说到做到！

❧ 王阳明的用人之道 ❧

【王阳明语录】

用其所长，而不责其备；教其不及，而勿挠其权；兴廉激懦，祛弊惩奸。——《批各道巡历地方呈》

【语录精解】

运用他们的长处，而不求全责备；教导他们的短处，而不代行其权；鼓励廉洁者，激励怯懦者，防止弊端，惩治奸邪。

王阳明为官，建功甚多，但正如他自己所说，全靠下属齐心协办、忠勇多能，不是他一人的功劳。但他的部下为何多忠勇多能之士呢？那就是他用人的本事了！

王阳明用人，正如他自己所说，一是用尽其长而不求全责备，二是放手任权而不事必躬亲，三是倡导廉洁而惩治奸弊。道理很简单，没有哪个领导者不知道，能不能做到，就很难说了。王阳明为官，并没有用多少高深的道理和奇巧的方法，他只是按这些大家都懂的东西去做，就把官做得很好。

除上述三法外，王阳明在用人方面，还经常运用以下一些方法，都是大家都懂的，只是没有他用得好。

一是尊重贤才。

关于尊重贤才，五千年前的人都知道，尧禅位于舜，舜禅位于禹，那是对贤才最大的尊重。王阳明怎样尊重贤才呢？他对那些德行好、真能干实事的人，绝不轻易放过，务要留之于任上。只不过他留用贤

151

才的方式的不同，根据实际情况，区别对待。例如，赣州知府邢珣"屡立战功"，后因家事和身体原因暂时去职，到了时间，王阳明便发函通知他复任："苟有善可及民，何厌久于其道！微疾已痊，即起视事。"

瑞州知府胡尧元是个很有本事的人，"始以忠义，兴讨贼之功；继以刚果，著及民之政"，后因与上司不和，请求告病离职。王阳明心知离职不是他的本心，因此向其上司发文，不得批准他离职，文中说："大抵能结矩者，必推己及人；当大任者，在动心忍性。仰布政司即行本官，照旧尽心管理府事，毋因一朝之忿，遂忘三反之功，事如过激，欲抗弥卑，理苟不渝，虽屈匪辱。"此文含蓄地提醒胡尧元的上司：对下属要宽容。同时对胡尧元明责暗保，明确表示不准其离职。

江西提学金事邵锐无意官场、执意离职，经按察使伍文定再三挽留，仍不改心意。王阳明心知强留不能，于是发文，一方面表示尊重其意愿，一方面却表露了"央求"之意："求归者虽亦明哲保身，使皆洁身而去，则君臣之义或几乎息；挽留者虽以为国惜贤，使皆腼颜在位，则高尚之风亦日以微；况本院自欲求退而未能，安可沮人之求退。仰该司备行本官，再加酌量于去就之间，务求尽合于天理之至，必欲全身远害，则挂冠东门，亦遂听行所志。若犹眷顾宗国，未忍割情独往，且可见危受命，同舟共艰，稍须弘济，却遂初心，则临难之义，既无苟免于抢攘之日；而恬退之节，自可求伸于事定之余；兴言及此，中心怆切！"文中之意，等于将了邵锐一军：如果离职，那是为了"全身远害"；如果还有爱国心，那就应该打消念头，等"事定"之后再说。并且表示，自己对这件事"中心怆切"。邵锐见了此信，哪好意思再提辞职呢？

二是罢黜庸才。

人人都可以是人才，而且人人都以为自己是人才，但不同岗位对人才的素质有不同的要求，而且，人才要在业绩中体现，只有拿出业绩，才是真正人才。王阳明对那些有罪的所谓"人才"固然会依法办理，对那些才不胜任、绩效不佳或责任心不强的庸才，也会罢黜，不让他们尸位素餐、营营私利。

例如，宁王朱宸濠谋反时，赣州卫舍人王鼎奉命带着公文去向朝廷奏报，他却"设计诈病，推托不前，显有通贼情弊"。宁王被擒后，他带着紧急公文赴京奏报，"却又迁道私赴太监张忠处捏报军中事情，几至酿成大变"。于是王阳明下令逮捕王鼎，审问罪状，依法惩处。

王阳明任两广巡抚时，当地各中下级官吏"往往辄因私事，弃职远出；或因上司经由，过为趋谄，越境送迎，往回动经旬月，上下相安，恬不为异"。对此现象，王阳明深感失望和愤懑，在公文中，他义正词严地说："大抵天下之不治，皆由有司之失职；而有司之失职，独非小官下吏偷惰苟安侥幸度日，亦由上司之人，不遵国宪，不恤民事，不以地方为念，不以职业经心，既无身率之教，又无警戒之行，是以荡弛日甚，亦宜分受其责可矣！"为了杜绝这种钻营谋私、荒废公事的行为，王阳明下令查革了大批不称职、不负责的官员，使当地的风气为之一清。

三是关心下属的利益。

在历史上，明朝对贪官污吏的惩治最为严厉，仅明太祖朱元璋一朝，惩处的贪官污吏不计其数，可能高达数十万人，仅勒令到朱元璋的老家"劳动改造"的官员便多达一万多人。后来的打击手段逐渐缓和，但仍可称为"酷烈"。正因为如此，大明朝的清官也比历朝都多。

王阳明并不反对打击贪官污吏，他本人就是一个清官，但他认为，光靠打不能从根本上解决问题，明朝官员的俸禄相当微薄，许多人沦为贪官，也是为生活所迫。王阳明看到了一问题，认为应该设法增加官员的收入，使他们没有后顾之忧。因此，当他出任两广巡抚时，开始着手增加官员的俸禄。他的《议处官吏禀俸》，首先说明了官吏俸禄低微的现状和"腐败"的情有可原："照得近来所属各州、县、卫、所、仓、场等衙门，大小官吏以赃问革者相望，而冒犯接踵，究询其由，皆云家口众多，日给不足；俸资所限，本以凉薄，而近例减削，又复日甚；加有上下接应之费，出入供送之繁，穷窘困迫，计出无聊。中

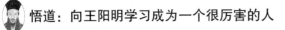

间亦有甘贫食苦刻励自守者，往往狼狈蓝缕，至于任满职革，债负缠结，不得去归其乡。夫贪墨不才，法律诚所难贷，而其情亦可矜悯！"

接着，王阳明指出，朝廷用人，应该考虑合理报酬，不要将官员逼到"必贪"之地："夫忠信重禄，所以劝士，在昔任人，既富方谷，庶民在官，禄足代耕，此古今之通义也。朝廷赋禄百司，厚薄既有等级，要皆使各裕其资养，免其内顾，然后可望以尽心职业，责以廉耻节义。今定制所限，既不可得而擅增，至于例所应得，又从而裁削之，使之仰事俯育，且不能遂；是陷之于必贪之地，而责之以必廉之守，中人之资，将有不能，而况其下者之众乎？"

最后，王阳明要求讨论，如何在朝廷定制范围内，合理增加官吏们的收入，并且表明，"务要议处停当，呈来定夺施行"。

跟王阳明学绝学：王阳明适当增加官员的收入，仍不失为治本之法。

做官要有士大夫气节

【王阳明语录】

士大夫志行无惭，不因毁誉而有荣辱。君子出处有义，岂以人言而为去留？——《奖留佥事顾溱批呈》

【语录精解】

士大夫躬行志向，做事问心无愧，不因为赞誉而感到光荣，不因为毁谤而感到耻辱。君子行事，都依循正义，怎么会凭他人的议论而决定自己的去留呢？

"士大夫气节"，是中国历代儒士公认的一种美德。因为儒士入仕，是为了推行仁道、造福天下，不是为私利而做官，不是为名声而做官，不是为做官而做官。做不做官，要靠仁道能否实行，行就留，不行就走，"道不行，乘桴浮于海"，宁可做个江湖散人，也不违背自己做人做事的原则。

儒家老祖孔子为后辈弟子起了带头作用，他虽然周游列国、到处求官，但并不急于功名，一旦发现"吾道不行"，抬腿就走，决不留恋；诸侯送他封地、财物，合于"礼"便收下，不合"礼"便坚拒不受，毫不动心。

但后辈弟子并不都像孔子这么有出息，只要有官做，爬在地上做狗都乐意；只要有钱赚，躲在见不得人的角落里做鬼都不在乎。

王阳明上追孔子，且是悟道之人，一生未失士大夫气节。没有官

155

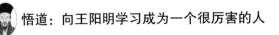

做时，他安心于讲学，沉醉在他的"心学"中，享受学、问、思、辨、行之乐。这并不表示他无意为官，毕竟他心怀救国救民之志，他的"心学"也需要一块更大的"实验田"。但没有机会时，他并不勉强，安心于力所能及之事。

王阳明官任巡抚时，曾在《批江西都司掌管印信》中，告诫下属各官"持身励志"："藏器待时，但恐见用而无才，勿虑有才而未用，若果囊中之锥，无不脱颖而出；毋谓上人不知，辄自颓靡，是乃自弃，非人弃汝矣。"此言与其说是告诫别人，不如说是他的真情独白。"藏器待时"，为未来准备着，静候脱颖而出的那一天。他相信机会属于有准备的人，而且事实确实如此。他后来无论治政、治军，一上任便得心应手，可见他平时做了多少准备工夫。

王阳明真正为官、可以实践"心学"时，凡事做在"良知"上，"可行即行，可止即止，悉心计处"，一心为国为民谋。但真正是考验是他奉命"讨贼"时。当时江西民众起义，屡剿屡反，兵部尚书王琼器重王阳明之才，推荐他为都察院左佥都御史，巡抚南宁、赣州、汀州、漳州，负责征剿事宜。王阳明惊惶不安，因为他明知民众乃是官逼民反，他却带兵去杀戮他们，如何用"良知"解释呢？他思考了半个月，给皇帝上了一道《辞新任乞以旧职致仕疏》，请求退休。他自称"才本庸劣，性复迂疏，兼以疾病多端，气体羸弱"，对现任的南京鸿胪寺卿一职尚且才不胜任，何况是担任巡抚重任呢？他认为"因才器使，朝廷之大政也；量力受任，人臣之大分也"，应该让一个合适的人去担任此职。他还从孝道出发，表明祖母岑氏"今年九十有七"，临终前想见她一面，因此恳请辞职。

但皇帝下旨责备他："乃敢托疾避难，奏回养病。见今盗贼劫掠，民遭荼毒。万一王守仁因见地方有事，假托辞免，不无愈加误事？"并且严命："王守仁不准休致。南、赣地方见今多事，着上紧前去，用心巡抚。"

王阳明无奈，只好上任，将农民起义镇压下去了，杀的人自然不少。文革时，有人认为王阳明是一个镇压农民起义的"刽子手"。他半生讲授"致良知"，虽然超凡脱俗，不以俗情论行迹，但一定不愿自己的名字跟"刽子手"联系在一起。不过，平心而论，王阳明的镇压行动，对起义的农民和无辜群众也许不是灾难而是幸运。明军有以人头计算功劳的习惯，官军"杀良冒功"是由来已久的恶习。假设换了一位主帅，杀的人只怕会血流成河。王阳明毕竟懂得"兵者凶器也，不得已而用之"的道理，对能不杀的人坚决不杀，可以和平解决就不轻用刀兵；能用地方军解决问题，就不用可能扰民的政府军。相比之下，他虽然杀了很多人，间接救活的人更多。

王阳明平定宁王叛乱后，因功劳太大，嫉妒他的朝中大员很多，众口一词地掩盖他的功劳，并阻止他跟皇帝见面。王阳明本无意于此，乐得逍遥。他喜爱自然，常说"生平山水是课程"，与山水亲近是他一生的乐趣。当皇帝和权臣们刻意自我美化，抢夺平叛之功时，王阳明以高姿态，将功劳归于皇帝、朝臣及从军将士，自己却超然物外，忙里偷闲，游览九华山。兴之所至，他写了一首有趣的禅偈，被刻在东崖禅寺的岩壁上，偈文说："不向少林面壁，却来九华看山。锡杖打翻老虎，只履踏破巉岩。这个泼皮和尚，如何容在世间。呵呵！会得时，与你一棒，会不得，且放在黑漆桶里偷闲。"

此偈之意，戏称自己本宜为僧，不应行走俗世。有趣的是，还有一个与此有关的传说：当王阳明闲游九华山时，来到一座寺庙前，看见一扇房门紧锁，灰尘积得很厚，好像几十年没打开过的样子。王阳明心里一动，请庙里的和尚将门打开看一看。和尚说本寺有规矩，此门不能开。王阳明好奇心起，坚决要求开门一观。和尚只好照办。王阳明走进去，只见里面有一个坐化的老和尚，容颜如生，胸前挂着一

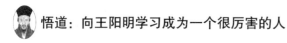

块布，上面写了几句话："五十年前王守仁，开门即是闭门人。"王阳明一看就傻住了，此时他正好五十岁，难道他就是此僧转世投胎吗？

不过，这个传说也许是后人根据王阳明的禅偈杜撰，作不得真。但王阳明的心性，确有几分高僧不染红尘的况味。他坦然宣称，"我亦爱山仍恋官"，但他的"恋官"，不是真"恋"，官位可以随时丢下，他真正丢不下的还是他热爱的国家和人民，丢不下还是他的为善之道。

跟王阳明学绝学："平生忠赤有天知，便欲欺人肯自欺？"他用诗歌，抒发了他心体良知、诚正中和的士大夫气节。

有人说："人生难得一知己。"王阳明从无此叹，他的朋友故旧满天下，高人雅士，贫人粗客，无所不交。无论穷窘还是显达，从无孤寂之苦。他是如何做的呢？

第六章
王阳明的交友绝学

朋友相处，常见自家不是

【王阳明语录】

朋友相处，常见自家不是，方能点化得人之不是。善者固吾师，不善者亦吾师。且如见人多言，吾便自省亦多言否？见人好高，吾自省亦好高否？此便是相观而善，处处得益。——《知行录》

【语录精解】

朋友相处，经常反省自家的不是，方能点化别人的不是。好的固然是我的老师，不好的也是我的老师。例如看见别人话多，我便反省一下：自己的话也很多吗？看见别人自高自大，我也反省一下：自己也自高自大吗？这便是相观而善，处处得益。

常人多有"好高"的毛病，眼睛盯在别人的缺点上，愈看愈起轻视心，那些成就伟业的人，在他们眼里全成了小矮子——刘邦是"小痞子"，刘备是"伪君子"，曹操是"小人"，朱元璋是"暴君"，诸如此类。举凡王侯将相，名家大师，瞧得上眼的没几个人。对身边人，也是如此，老板有什么了不起？傻蛋一个；上司有什么了不起？换个位置我更行。挑剔别人的缺点，对培养优越感有好处，或许也能增强自信，却错过了太多学习他人优点的机会；况且，将自信建立在错觉上，怎么可能有真正的自信呢？

王阳明建议与朋友交往，"常见自家不是"，可谓对症的药。朋友相处，原本是为了交流感情，不是为了比较谁高谁低；朋友相处，原本是为了相互学习、相互提高，不是为了争论"我是对的，错的是

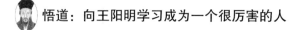

你"。常看见自家的不足，你就能"缺什么补什么"。朋友确实有缺点，"点化"一下也是义务，但是，你首先要让朋友相信你的真诚。孔子说："信而后谏，未信，则以为谤己也。"取信于人才能劝谏别人改正缺点，否则对方会以为你是在毁谤他。你若对自己的缺点视而不见，朋友怎么可能相信你的真诚呢？

有人说王阳明的每一句话都有来源，言下之意，他读书虽多，发明很少。但从另一面来说，也可说他融诸家于一炉，自成一格。"善者固吾师，不善者亦吾师"这句话，也许借鉴了老子《道德经》——"故善人者，不善人之师；不善人者，善人之资。不贵其师，不爱其资，虽智大迷"。但其取意仍出于《论语》——"见贤思齐焉，见不贤而内自省也"。

两位圣人的话，都值得玩味。孔子的话，意思简明：别人的优点可以学习，缺点也可当作反面教材。正如王阳明所说：看见别人话多，我便反省一下：自己的话也很多吗？看见别人自高自大，我也反省一下：自己也自高自大吗？朋友之间相互拿对方当镜子，把自己打理得耐看一点，不是"处处得益"吗？

老子的话，含义隽永，绕了好几个圈，见出一个圆满的意思。"善人"可以给"不善人"当老师。"善"即好，不仅有善良之意，也有擅长之意。无论德行好，还是学问好、技艺好，都值得别人学习。"不善人"怎么会是"善人之资"呢？因为有文盲，老师才有"生源"，如果大家都是天生圣人，老师只好离开心爱的教育岗位，去干点别的；病人是医生的"顾客"，如果大家都百病不生，医生只好集体失业；强盗是警察的"功劳簿"，如果大家都是老实良民，谁愿白给警察发薪水？需求未得到满足的人是商人的"存折"，如果大家什么都不缺，"万事不求人"，谁愿送钱给商人赚？善与不善，一阳一阴，互求互动，正好构成一个圆满的、生机勃勃的世界。正所谓"独阳不生，孤阴不长"，只有"善人"或只有"不善人"，将是一个灾难。况且，每个人既是"善人"和"不善人"，所以，"善人"用不着轻视"不善人"，否则等于轻视自己；"不善人"也用不着嫉恨"善人"，否则等于嫉恨自己。能看到这点的人，是聪明人，不珍惜"老师"，不重视"资源"的人，"虽智大迷"。

但王阳明的"常见自家不是"，主要谈珍惜"老师"，但他办书院、为官、带兵，都需要以"不善人"为"创业资源"。

对谦虚的人来说，每个人都有"善人"的一面，都有资格当自己的老师。曾有人向子贡打听：孔子的老师是谁？子贡说："文武之道，未坠于地，在人。贤者识其大者，不贤者识其小者，莫不有文武之道焉。夫子焉不学？而亦何常师之有？"意思是：文王、武王的道理，没有掉在地上，都收藏在人们心里，聪明的人继承了大道，不聪明的人继承了小道，孔夫子跟谁不可以学习呢？又何必需要固定的老师呢？

跟王阳明学绝学：人人都有长技、真见，假如每个人都可以做孔子的老师，难道不可以做你的老师吗？你若认识到了这一点，随时留意朋友的优点，不仅时有收获，朋友相处也会融洽多了！

❧ 尊重第一，相下得益 ❧

【王阳明语录】

处朋友，务相下则得益，相上则损。——《知行录》

【语录精解】

朋友相处，一定要相互谦下才能相互受益，相互自显高明则会相互受损。

古人说："贫穷布施难，富贵学道难。"王阳明出生于官宦富贵人家，原本不易学道成功，且容易养成颐指气使的贵介公子脾气。幸运的是他拥有一个德行深厚的父亲，况且他学养深厚，自然明白谦德之妙。且中年又大受挫折，遭到贬谪，种种因素，竟养成了谦和恬淡、平易近人的个性。他为官时几乎是一个检讨专家，凡有问题必自我检讨。他多次上奏辞职，每次辞职，总要自贬一番。例如他在《自劾乞休疏》说："臣由弘治十二年进士，历任今职，盖叨位窃禄十有六年，中间鳏旷之罪多矣。迩者朝廷举考察之典，拣汰群僚。臣反顾内省，点检其平日，正合摈废之列。"

也许他并不是真心想辞职，也不是故作谦逊，只是试探一下皇帝的态度。当时官多岗位少，"跑官"的人很多，官场竞争空前激烈，裁员势在必行。假设皇帝想让他辞职，他正好顺水推舟，欣然引退，不让别人为难。

王阳明交友，同样是谦谦君子的风范，把尊重放在第一位，从不恃才傲物。而且他不是那种心里带着冷笑、表面装作谦逊的人，他的谦逊，确实带着诚心正意，高看别人一眼。他和湛甘泉的知己之情，堪称交友的典范。

王阳明任兵部主事期间，慨叹"学者溺于词章记诵之末，不知身心之学为何等，于是首倡讲学之事"，跟从他学习的人很多，也引来了一片非议声，"同辈多有议其好名者"。当时真做学问的人不多，学者们做学问，争的其实是学界的特殊地位，争的其实是话语权，跟官员争夺权力一样，何况学者本是官员或后备官员，话语权又跟权力紧密相联。王阳明一下子取得了很大的话语权，难免引起大家的嫉妒，当时只有翰林学士湛甘泉对他非常欣赏，"一见定交，终日相与谈论，号为莫逆"。

湛甘泉当时的名气比王阳明大，官位比王阳明高，但他们心里早就没有这些碍眼的渣滓，畅游在学问的海洋里，相交其欢。两人确有共同点：学问以儒为宗而近于禅。大凡学过佛法、修过禅学而真的有所领悟的人，既无"贡高我慢"之气，也无妄自菲薄之心，待人只是一个"众生平等"，他们同为文人，并无"文人相轻"的习气，这也是他们交相契好的一个基础。但湛甘泉更近于禅，做人纯粹且超然，出世之心比较强烈，不太在意功名。王阳明则多了一层道家的修炼，在可出可入之间，相比之下对政治事务比较热衷。

王阳明和湛甘泉的学问见解也不同，王阳明认为儒门高广，可以包容佛道，但有"大小公私"的差别，佛、道在我儒范围之中；湛甘泉认为佛、道、儒没有差别。在其他观点上，两人也有争异。因此，他们既是朋友，也是"论敌"，经常进行争论。例如，湛甘泉对理学的重要概念"格物"，仍持旧说，认为是"穷事物之理"的意思，王阳明提出异议说：那就求之于外了。湛甘泉说："若以格物理为外，那就自小其心了。"

湛甘泉主张"随处体认天理"，等于否定王阳明"心即理"的说法，王阳明为此专门写了一信讨论此事："'随处体认天理'是真实不诳语，鄙说初亦如是，及根究老兄命意发端处，却似有毫厘未协，

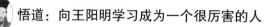

然亦终当殊途同归也。修齐治平，总是格物，但欲如此节节分疏，亦觉说话太多。且语意务为简古，比之本文反更深晦，读者愈难寻求，此中不无亦有心病？莫若明白浅易其词，略指路径，使人自思得之，更觉意味深长也。高明以为何如？"其意是说，"随处体认"未免不着边际，请指出一条简明可行的路径来。

两人终究没有说服对方，但王、湛之争，仅仅是学术争鸣而已，彼此分享对方的见解，而不是为了分出高下。因此两人越争越亲，彼此欣赏，彼此尊重，真个是"君子和而不同"。后来王阳明甚至承认：湛甘泉使他去了邪僻，得入正道。

其实，王、湛两位大师的观点本无根本冲突，若用佛家理论、道家理论解释，都可解得通。按道家理论，道存无、有二性，寓于万事万物中，也在自己心里，"格物"可以是穷事物之理，也可以是去其贪欲；悟道的途径，若求之于外，"随处体认"，一枝一叶皆可悟道；若求之于内，"发明本心"即可。按佛家理论，道是空性，佛是空性，心是空性，"四大皆空"，悟道的途径可以是自外做工夫，也可以由心顿悟，内外本无差别，只是路径不同。相比之下，或许王的路径更简明，而湛的路径更可靠。在禅宗史上，也有过类似的争论，慧能从禅宗"明心见性，顿悟成佛"的意旨出发，主张"显真心、见本性"，做的是"内功"，神秀主张参禅打坐、勤修戒律、渐悟成佛，做的是"外功"。结果禅宗分成了南北二宗。无论内功、外功，一旦顿悟，自然内外合一、万法归宗。如果不能悟道，内功就显得很虚幻，"外功"倒多少有些进益。但王、湛各执内、外一端，亦无不可，悟道之路，一条就可以了，哪用得着走两条路？

王、湛同在北京为官时，有意卜邻而居，为的是时常讨论学问。后来，王阳明被放外任，两人相见的机会就很少了。

湛甘泉的老家在广东增城，王阳明任两广巡抚期间，有一次路过广东增城，特意去湛甘泉的老家去瞻仰了一番，还动情地写下了一首怀念友人的诗，"落落千百载，人生几知音"，此语足见他对湛甘泉的真情。

　　湛甘泉出使安南，回来的途中，特意绕道到滁州，跟王阳明相见，畅谈数日。有趣的是，这一次湛甘泉主张儒门高广，可以包容佛道，而王阳明认为佛、道、儒没有差别。两人当然不是改变以前的主张，而是互拍对方的"马屁"。

　　跟王阳明学绝学：可见两人虽在学术问题上有许多不同见解，在交朋友的问题上，则二人同心，都深得"相下则得益，相上则损"之精神。

⟐～人生大病，只是一傲字～⟐

【王阳明语录】

人生大病，只是一傲字。——《知行录》

【语录精解】

人生最大的毛病，只是一个"傲"字。

王阳明作诗，有名士派头，屡出惊人之句；但他做人却鲜有名士习气。例如他的赠友诗中有此二句："道本无为只在人，自行自住岂须邻？"乍看诗中之意，似乎觉得他是一个性格孤僻、自命清高的人，仔细一看，短短二句，竟然凝合道、佛、儒三家的精意，心态很阳光、很灵动，哪有一丝孤僻自高之意？"道本无为"，语出道家，顺其自然也；"自行自住"，领佛家之旨，自修其心也；"岂须邻"是诗眼，取儒家"德不孤，必有邻"之意，原来不是不要朋友，而是说，只要"致良知"，何愁天下无友？

王阳明确实是一个喜欢交朋友的人，他早年被贬谪到贵州龙场驿担任一个小小的驿丞时，有过一段最孤单的时光，但是，因其"德不孤"，各色人等纷纷而来，向他求学，他也就"必有邻"了！后来，其门生后学遍天下，名气较大者如王艮、徐爱、方献夫、黄绾、王畿、聂豹、罗洪先、何心隐、李贽等。王阳明虽然居于师尊之位，对待弟子们，尊重为先，教学次之，跟他们的关系介于师友之间，从无傲意。

王阳明的弟子都是一时俊才，自视甚高多少有一点，并不是个个都像他一样谦逊。因此，他劝告他们说："人生大病，只是一傲字。

为子而傲必不孝，为臣而傲必不忠，为父而傲必不慈，为友而傲必不信：故象与丹朱俱不肖，亦只一傲字，便结果了此生。诸君常要体此人心本是天然之理，精精明明，无纤介染着，只是一无我而已！胸中切不可有，有即傲也。古先圣人许多好处，也只是无我而已，无我自能谦。谦者众善之基，傲者众恶之魁。"

好一个"只是一无我而已"！点出了做人的至高境界；好一个"胸中切不可有"！点出了做人的进修途径。凡人处世，都以"我"为原点，一切都站在"我"的角度看问题：我的意见一定是对的，我的做法一定是好的，我的选择一定是正确的，我喜欢的一定是值得赞扬的，我讨厌的一定是值得批评的，对我有利的一定是应该欢迎的，对我不利的一定是应该反对的，我的肚子痛比世界大战严重得多，我死了一切都不重要了……人就是这么一个傲慢的动物，因为傲，对身外的一切人和事都不够尊重，自然谈不上什么忠孝慈信。

所谓的自修，一多半工夫要做在消除心中这个"我"，王阳明将"格物"定义为自格其心，不是没有道理。一旦把"我"格尽，以至于"无我"，那就是孔圣人"毋意，毋必，毋固，毋我"的境界了！

日常交往固然不能自傲，跟身边人打交道，尤其不能傲。夫妻之间脱不得一个傲字，就做不成夫妻；朋友之间脱不得一个"傲"字，就做不成朋友……把身边的人得罪光了，就做不好人了。所以，王阳明把"傲"视为人生第一大病。

王阳明的弟子九川平日颇有自恃才高的毛病，因此王阳明劝他说："与朋友论学，须委曲谦下，宽以居之。"王阳明跟朋友讨论学问，争论的纯粹只是学问；但有些人争论学问，争着争着，最后偏离了主题，变成了意气之争：无论如何，我一定要赢你！为了赢，甚至会用到兵书战策、三十六计，或巧言诡辩，或打心理战，或寻找同盟，乃至面红耳赤，暴跳如雷，挥动老拳。这样的争论毫无意义，除了证明自己口才好、好胜心强，对学问有何补益？对了解真相、弄清道理有何帮助？反倒会损害朋友之间的感情。

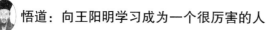

王阳明还说："凡朋友问难，纵有浅近粗疏，或露才扬己，皆是病发。当因其病而药之可也；不可便怀鄙薄之心，非君子与人为善之心矣。"

各人的学问有高低、见解有深浅，都是正常现象，相互探讨正是为了提高。因对方学问浅薄而起轻视心，那跟轻视自己没有区别，因为"天外有天"，世间比自己高明的人实在太多，那岂不表明自己也是一个应该受到轻视的人。

王阳明与人论学，只是就事论事，坦诚表明观点，从不"怀鄙薄之心"。有一次，即将出任尚书的乔白岩来跟他论学。

王阳明说："学贵专。"

乔白岩说："是的！我少年时学下棋，废寝忘食，不看不听与棋无关的东西，仅三年时间，国内再无对手，确实是'学贵专'。"

王阳明说："学贵精。"

乔白岩说："是的！我成年后学诗文，字求句练，现在已经由唐宋的华丽而步入汉魏的古拙了！"

王阳明说："学贵正。"

乔白岩说："是的！我中年以后好圣人之道，懊悔学习棋艺与诗文，但我无所容心矣，你说该怎么办？"

王阳明说："学棋，学诗文，学道，都可谓之学，但学道能至远大。道是大路，此外都是荆棘小路，很难行得通。专于道，才谓之专；精于道，才谓之精。专于棋艺，那叫'溺'；精于诗文，那叫'僻'。文艺技能由道流出，但离道太远，是末技。必须把意向转向道体，才是'惟精惟一'的真工夫。"

最后，王阳明总结说："能通于道，则一通百通矣！"

乔白岩谈到以前在学习上的成就时，颇有"露才扬己"之意，明显"病发"，王阳明却没有半分轻视的态度，也不加以贬抑，只是就问题本身阐明自己的观点。他关于棋艺、诗文都是"末技"的观点是否正确，姑且不谈，他谦和的态度却可圈可点。

跟王阳明学绝学：没有人不说错话、做错事，没有人不偶尔"吹牛皮"、自炫己高，"大家都可能做的事必须予以原谅"，原谅别人即是原谅自己。想通了这一点，"傲"病就会少几分了。若是将注意力集中于问题，集中于获取真知、了解真情，而不区分人我高低，心里的"我"字自然渐消，傲气也就散于无形了。

少指摘，多诱劝

【王阳明语录】

大凡朋友，须箴规指摘处少，诱掖奖劝意多，方是。——《知行录》

【语录精解】

大凡朋友，告诫、指摘的地方应该少一点，引导、劝说的意思多一点。

朋友之间，有规谏义务，如果只是在一起相互捧拍，对朋友的错误视而不见，任其错上加错，有失朋友道义。尤其对虚怀若谷、乐于倾听不同意见者，更应该坦率陈言。晏子有个朋友高缭，在门下为食客三年，没有出过什么差错。高缭有意入朝为官，晏子却不推荐他。有一天，晏子和齐景公谈到用人问题，齐景公说："我听说高缭跟您交好，我想见一见。"

晏子说："我听说为土地而作战者不能成王，为俸禄出仕者不能成政；高缭这个人，跟我做兄弟很久了，从未指出过我的错误，弥补我的缺点，他只是想通过我求官罢了，这样的人对您有什么好处呢？"

齐景公于是打消了起用高缭的念头。

后来，晏子把高缭赶走了，左右的人劝道："高缭跟随您三年，没有得到官职，您却把他赶走了，是否有失道义？"

晏子说："我是个浅薄无知的人，全靠身边的人维持匡正，我才能站直了。高缭跟我相交三年，从来没有指出我的过失，所以我要赶走他。"

晏子身处高位，所以一定要别人指出他的过失；而且他"宰相肚里能撑船"，更不会讨厌别人的规谏。但一般人没有这么大的度量，听见夸赞就喜欢，听见告诫就不高兴，对指摘更受不了。所以，王阳明建议，对朋友的告诫、指摘要尽量少一点。如何尽规谏的义务呢？引导、劝说不妨多一点。

王阳明交友，往往用探讨的方式交换不同观点，很少指责别人的错误，除非对方确实错得很明显，他才略说一二，并且还会尽量为之化解，以保全其面子。

有一次，一个新来的学生，针对他"人欲减一分，天理复一分"的观点，提出异议说："欲于静坐时将好名、好色、好货等根逐一搜革，扫除廓清，恐是挖肉做疮否？"

阳明正色道："这是我医人的方子，真是去得人病根。更有大本事人过了十数年，亦还用得着。你如不用，且放起，不要作坏我的方子。"

那个学生惭愧无地。过了片刻，王阳明又宽慰道："此量非你事，必吾稍知意思者为此说以误汝。"

如此一说，学生的心情好多了。

对朋友的规谏，有一个要点：真诚。你若借指出对方的错误而自显高明，哪怕你的话说得对，对方也不会接受。因为你踮起脚尖比高，只是拿对方的错误当垫脚石，并无为对方着想的真心。你若真心实意为对方好，对方感受到了，自然乐意接受你的意见。

《佛说尸迦罗越六方礼经》谈了真诚交友的五大要诀，很有启发意义，你若能行此五条，朋友自然不会怀疑你的真诚："一者见之作罪恶，私往于屏处，谏晓呵止之；二者小有急，当奔趣救护之；三者有私语不得为他人说；四者当相敬难；五者所有好物，当多少分与之。"

"见之作罪恶，私往于屏处，谏晓呵止之"，意思是说，看见朋友犯了过失，应该在私下里、无外人在场时进行劝说。"谏"是直言相劝，"晓"是讲清道理，"呵"是大声斥责，"止"坚决制止。"谏晓呵止"四字，准确表达了劝诫朋友的步骤和合理方式。先以尊重为先，劝他不要犯错。如果对方懂道理，一劝即听，那是再好不过了，目的达到了，又省了许多口舌。如果对方不懂道理，就要耐心地分析利弊，使对方知道后果。如果对方明知不对，仍然执意犯错，这时就顾不上他的面子，应该大声呵斥，严厉制止。假设对方不顾利害，仍然执意去做，那就没办法了。一般来说，有外人在场时，谁都会坚持自己的意见，明知错了也不愿意承认，因为怕丢面子，所以一定选择私人场合进行劝说。

"小有急，当奔趣救护之"，当朋友有急事需要帮忙，应该赶紧设法予以帮助。你将友情落实在行动上，朋友自然相信你的真诚，认为你"够意思"。说得动听，做得难看，对朋友的困难袖手旁观，这样的朋友有什么用呢？

"有私语不得为他人说"，保护朋友的隐私、机密，不得告诉第三者。朋友信任你，才跟你分享隐私、机密，泄露给别人，辜负了朋友的信任，甚至会给朋友造成伤害，是严重不义行为。

"当相敬难"，朋友之间要相互敬重。"难"，即再难也要做的意思。路上相遇，点点头，问声好，不难，只要面熟都可做到。停下来，握握手，嘘寒问暖，难度稍大，熟人之间才可做到。亲友结婚，发个贺电，寄个礼物去，更难一点，恐怕要是朋友才行。亲自去参加婚礼，乃至从外地搭飞机去参加婚礼，就更难了。总而言之，你尽礼的方式越难，越能表明对方在你心目中的重要性，双方的友谊越深厚。

"所有好物，当多少分与之"。自己得了好东西，跟朋友分享。这一条适用于古代，现代基本不能适用。不过，如果自己条件好，适当接济朋友中的贫弱者，还是应该的。在这方面，犹太人的经验值得借鉴：比如自己发财了，便设法帮助亲戚、朋友经营生意，使他们走上致富之路。犹太人无论居住在哪个国家，最后都会成为富有群体，原因就在于他们的互助精神。当你尽心尽力帮助朋友发展事业时，朋友还会怀疑你的真心吗？对你的话，朋友自然容易听进去了，即使听不进去，也不会对你的话产生反感。

但是，无论对朋友的"箴规指摘"多么真诚和讲究方法，还是少一点比较好，以免让朋友误以为你是一个喜欢挑刺的人。而"诱掖将劝"则不妨多一点。王阳明就特别喜欢以"诱掖"的方式劝人。例如，王阳明的学生邹守益被流谪到安徽广德时，对王阳明自我反省说，他的遭贬，"只缘轻傲二字"，王阳明马上鼓励他："知轻傲处，便是良知，致此良知，除却轻傲，便是格物。"

绍兴知府南大吉近狂而不傲，豪旷不拘小节，因喜爱"心学"，主动请求给王阳明当门生。有一次，他问王阳明："我办事有很多过失，先生何无一言？"

王阳明反问："你有何过？"

南大吉一一说了自己的过错。

王阳明说："我早就给你指出来了。"

南大吉莫名其妙地问："什么时候？"

王阳明说："我不说，你怎么知道自己的过失呢？"

南大吉说："良知。"

王阳明说："良知不是我经常讲的吗？"

南大吉笑谢而去。

过了几天，南大吉又来忏悔，觉得自己的过失更多了。王阳明称赞说："昔镜未开，可得藏垢。今镜明矣，一尘之落，自难住脚。此正入圣之机也，勉之！"

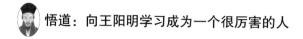

跟王阳明学绝学：王阳明强调"学贵自得""学贵心会"，如果一个人全不觉悟，对自己的过失全不反省，指责也是没有用的，徒然增加双方的不快。他以前难道看不到南大吉的过失吗？让南大吉自己觉悟，然后加以"诱掖"，效果自然好多了，而且双方都很开心，不是更有利于维持双方的情谊吗？

责人不如责己

【王阳明语录】

若能反己，方见自己有许多未尽处，奚暇责人？——《知行录》

【语录精解】

如果能反省自己，才能发现自己许多不足之处，哪有功夫责备他人？

王阳明有一个朋友，经常发脾气，责怪他人，王阳明提醒他说："学工夫应该反省自己。如果只是责怪别人，只看见别人的不对，看不见自己的差错。如果能反省自己，才能发现自己许多不足之处，哪有工夫责备他人？舜能化解其弟象的傲气，其诀窍只是不看象的不对。如果舜一定要纠正他的奸恶，就看见象的不对了。象是一个傲慢的人，一定不肯示弱，如何感化得了他？"

这个朋友听了很感动，对平日经常责人的行为感到后悔。王阳明又说："你今后尽量不要去议论别人的是非，有时忍不住责怪了别人，就要当成犯了一件大错，尽量改正。"

责备别人是容易的，却会加重自己的过错。例如有的老师，不研究学生的心理，不了解学生的兴趣，不钻研教学方法，不训练口才技巧，讲的课干巴巴的，听得学生昏昏欲睡，他不怪自己讲得不好，反倒责怪学生不爱学习。即使成年人，听了他的课也难免不厌烦，何况心性活泼的青少年呢？他对自己的要求未免太低了，对别人的要求未免太高了。好比厨师，他不怪自己的厨艺太差，反怪别人挑剔，不吃他的菜，岂不是既不利于人，又加重了自己的错误吗？

在人际交往中，经常犯对自己要求太低、对别人要求太高的错误，所以错的总是对方，而自己则可理直气壮地责备对方。朋友、夫妻、同事之间，莫不如此。举一个例子：三国时，许汜和陈登原先关系很好，后来却断绝了来往。一天，刘备问起此事："听说你和陈登是好朋友，近来怎么不来往了？"

许汜说："陈登待人越来越傲慢，去年我到他那里避难，他睡在大木床上，却让我睡在一个低矮的小床上。"

刘备说："我是了解陈登的，知道他从来不会做无礼的事情，如果他真那么做了，也一定有原因。"

许汜说："陈登怪我不顾国家动乱，大量地购置田产。"

刘备说："天下兴亡，匹夫有责。你只顾自己发财，陈登怎么会对你客气呢？如果是我，我会睡在百尺高楼上，让你睡在潮湿的地板上，又岂是大床和小床的区别呢？"

许汜看不见自己的贪婪自私，只看见朋友陈登的傲慢，殊不知陈登的"傲慢"正是从他贪婪自私中来。古人说"道不同不相为谋"，一个贪婪自私的人，根本不配跟一个志在天下的人做朋友，人家给他一张小床睡一下，已经很客气了。

人们为什么高标准要求别人而对自己要求很低呢？正如王阳明所说："人虽至愚，责人则明；虽有聪明，责己则昏。"再傻的人，挑别人的毛病还是很容易，况且，你的眼睛有毛病，看什么都是毛病，将别人的优点当成毛病，也可以批评一番。再聪明的人，都有"讳疾忌医"的心理，不自信的人，小心掩盖自己的毛病，唯恐被人发现"疮疤"，正如癫痢头的阿Q听见"光""亮"就要发怒一样；自信的人，自我感觉良好，以为通身上下全是优点，只差没像佛祖那样头顶放光了，哪肯承认自己有何毛病？

只有真正聪明的人，才知道自己并不完美而乐意承认自己的错误，并勇于改正。

三国时，魏国名将张辽跟护军武周本是好朋友，为了一点小事，引起争执，互不相让，结果闹翻了，从此断交。后来，张辽听说一个名叫胡质的人学问和人品都很，便主动托人说合，想见面结交。胡质以身体不适为由，婉言拒绝了。

一天，张辽见到胡质，问道："我想与你交朋友，你怎么嫌弃我呢？"

胡质直言不讳地说："交朋友要看大节，不计小事，才能长久保持友谊。武周为人不错，你们原是朋友，为了一点小事，你就不理人家了。我的才学、品德远不如武周，怎能使你长久信赖？既然迟早要绝交，不如不结交！"

张辽听了，愧悔交加，连连称谢。随即跑到武周家，登门道歉，从此二人和好如初。胡质见张辽知过能改，认为可交，也和张辽结成了朋友。

每个人都可能责己从宽、责人从严，大人物、小人物都不例外，那跟品德没有必然关系，主要由人的视角决定，因为人是由内往外看，只能看见别人身上的灰尘，看不见自己背后的污秽。但是，聪明人不会随顺这先天特点，总要学会用心眼反观，随时点检自己身上的不是。当你冷静反省，发现自己身上也有毛病，而且毛病不比别人少，自然会将注意力转移到给自己纠偏改错上，哪有工夫责人呢？

跟王阳明学绝学：古人说："静坐常思过，闲谈莫论人非。"思过和不论人非其实是因果关系，不思过者必论人非，只有思过，才不好意思说别人的闲话，对别人的毛病也能理解了。

真正的友谊没有距离

【王阳明语录】

君等离别，不出在天地间，苟同此志，吾亦可以忘形似矣！

——《知行录》

【语录精解】

你们此番离别，不会走出天地之外，如果心志相通，我也可以忘记形式上的交往而与你们神交了！

朋友有两种，一种是利友，一种是义友。利友可以给你带来利益、信息、机会，可以对你的事业、生活产生明显帮助；义友可以跟你交流思想、感情，未必能给你带来实质性的好处，却能安顿你的心灵。

利友未尝不能是义友，但一旦谈利，义便多了几成水分；义友未尝不能是利友，但一旦重义时，利便多了几分俗气。所以，多数情况下，利友和义友是两种交往对象。

人需要利友也需要义友，交往的方式却不同。跟利友打交道，需要做形式上的工夫，经常联系，或打电话，发电子邮件，或坐在一起吃吃喝喝，甚或拎上礼物拜访一下。跟义友打交道，形式不那么重要，重要的是志同道合，彼此知心。"海内存知己，天涯若比邻"，哪怕相隔千里万里，想起某个地方有一个自己的真心朋友，心里便感到温馨；哪怕十年、二十年不见面，一朝相见，仍温情如故。

利友之情，如同时尚，三年两变；义友之情，如同佳酿，愈陈愈香。

王阳明性喜交友，身边从来不乏朋友，但他是悟道之人，所交多是义友、道友。当然，他和朋友之间也会在事业相互帮助，但那是真心提携、道义相顾，跟一般趋利之人不同。王阳明筑室阳明洞讲学时，人们纷纷前来，跟他比邻而居，"每当一室，常合食者数十人；夜无卧处，更相就席；歌声彻昏旦"。附近寺庙及风景胜地，"无非同志游寓所在"。王阳明每次开讲座时，"前后左右环坐而听者常不下数百人，送往迎来，月无虚日"，有些人跟他学习了一年，而他却不知道。一般来说，人们学习了一段时间便会离去，各营事业，因此送别成了王阳明生活中的一个常事。相处日久，难免产生感情，离别的心情自然不好受。他常感叹说："君等离别，不出在天地间，苟同此志，吾亦可以忘形似矣！"

"天下没有不散的筵席"，朋友感情再好，毕竟各有事业、家庭，哪能朝夕相处？那就只能求神会而"忘形似"了！

王阳明跟弟子们的关系，亦师亦友，弟子中有比他年轻的，也有比他年纪大的，他们所探求的是道，并不受外在形式的困惑。

在诸弟子中，跟王阳明最知心的人当数徐爱。徐爱是王阳明的妹夫，进士出身，曾任祁州知州、南京工部员外郎等职。徐爱敦厚好学，非常崇拜王阳明的博学多智。当王阳明受到权奸刘瑾的迫害，被贬谪到贵州龙场驿，人生进入最黑暗时期时，徐爱不避嫌疑，毅然拜王阳明为师。这对王阳明的心情是一个安慰。

在诸弟子中，徐爱对王阳明的心学领悟最深，闻一而知十，德行也很好，颇像孔子的弟子颜回。但徐爱身体很一般，他曾对王阳明说，自己活不了多大岁数。王阳明问为什么，他说自己曾梦游衡山，遇到一个老和尚，抚着他的背说："你与颜回同德。"过了一会儿，又说："也与颜回同寿。"

颜回德全而寿夭，王阳明还真怕徐爱也如此，安慰说：不过一梦而已，何必当真呢？

徐爱说："寿命是无奈之事，我只愿早日退隐归林，跟从先生学习，朝有所闻，夕可死矣！"

后来，王阳明任京官时，徐爱常劝他早日引退，专心讲学，不要介入混浊的官场。他说："儒道不明，已经好几百年了！现在幸而有所显现，假如最终没有成就，不是最痛心的事情吗？希望先生早日隐归阳明山，跟弟子们讲明此道，以诚己身而教后人。"

徐爱的话不无道理，假如王阳明真的潜心于讲学，阻遏理学的流毒流布天下，使学界恢复清新空气，那么其功可同圣人，比他带兵打几场胜仗有价值多了。

但王阳明终究想亲身历练一番，这也符合他"知行合一"之道，他一贯主张"在事上磨练"，从不把做学问跟做事分开。后来，朝廷要派王阳明巡抚南宁、赣州，王阳明有心辞职、坚卧不出。徐爱却又觉得他此时辞职，时机不妥，可能招来灾祸，劝道："现在外面议论纷纷，先生好歹去走一遭，我和师兄弟们先支撑着，等先生了事后再回来。"

王阳明离京后，徐爱就辞了官，在南京城外买了几间房，带着一群王门弟子读书论道，记述王阳明的言论，编撰《传习录》。王阳明本人比较赞同孔子、释迦牟尼的"述而不作"，只讲道而不著书立说，为什么呢？悟道是一种体验，不是任何文字可以传述的，好比恋爱，你可以感受到其百味俱全的美妙，却很难用语言尽述其味，一落到文字上，感觉已经有点不对了；别人读这些文字，感受更差了很多，而且每个读的人感受都不一样。悟道跟恋爱一样，非得亲自体验不可，光读文字，如同望梅止渴。不过话说回来，悟者的言论记述下来还是有好处的，至少可以让后人略知其味，还可以激发追求悟道的愿望。

王阳明戎马倥偬之余，跟徐爱的书信往来频繁。他们虽然天各一方，感情从未减弱半分，反倒因长久的别离而变得更加真挚。徐爱常劝他打完仗就赶紧回来，王阳明叹道：这也是我的愿望啊！但他的愿望注定无法实现，打了一仗还得再打一仗，一场场大战下来，时间可就像流水般过去了。

王阳明在军中惊闻噩耗，伤心欲绝，两天不吃不喝。可他责任重大，却又不能沉溺在伤痛中，只好打起精神，化悲痛为力量。他在悼徐爱的祭文中，写下倾注着深情的文字："呜呼！孰谓曰仁而乃先止于是乎！吾今纵归阳明之麓，孰与予共此志矣！二三子又且离群而索居，吾言之，而孰听之？吾倡之，而孰和之？吾知之，而孰问之？吾疑之，而孰思之？呜呼！吾无与乐余生矣。吾已无所进，曰仁之进未量也。天而丧予也，则丧予矣，而又丧吾曰仁何哉？天胡酷且烈也！呜呼痛哉！朋友之中，能复有知予之深、信予之笃如曰仁者乎？"

他还说："吾今无复有意于人世矣。姑俟冬夏之交，兵革之役稍定，即拂袖而归阳明。"

徐爱虽然死了，却永远活在王阳明心中，让他怀念终生。他后来赞成弟子们编写《知行录》，未尝不是为了完成徐爱未竟的事业。

跟王阳明学绝学：真正的友谊是千山万水隔不断的，也不会被时间淡化。彼此的心灵可以穿越时空，送去人间的温暖。一个人拥有一段如此美妙的友谊，不是很幸运的事吗？

古人说："工夫在诗外。"工夫也在胜负外。王阳明说，人的智能相差不远，胜负的归属，不必等到临战才知道，早就由双方所做工夫而决定。而最大的工夫是：不动心。此外，王阳明还认为，做学问和做事，不是两件事，只是一件事。他做事有三大要点：顺其情，因其势，趁其机。知此要点，无事不可办，无事不可成。

第七章
王阳明的做事绝学

❧ 养得此心不动 ❧

【王阳明语录】

用兵何术？但学问纯笃，养得此心不动，乃术尔。凡人智能相去不甚远，胜负之决，不待卜诸临城，只在此心动与不动之间。——《平濠记》

【语录精解】

用兵有什么技巧？只要学问纯粹、深厚，养得此心不动，就是技巧。大凡人的智能相差不远，胜负的归属，不必等到兵临城下，只看这颗心能不能被摇动。

王阳明的"心学"有没有实用价值，原本令人怀疑，当他亲自运用于战争中后，才知道确乎有用。

王阳明以书生带兵，虽然学过兵法，究竟全无实战经验，怎么能带兵打仗呢？好在他做学问，从来是"知行合一"，不跟实践分家，一旦遇事，自然不会茫然无措；再者他的"心学"，跟兵法也有暗合之处。胜人先胜己，每一个军事家都必然炼心，心炼成了，才可望胜利。镇定是军事家的一个必备素质，临阵之际，"泰山崩于前而色不变"，面临生死威胁而不眨眼，才能冷静指挥，不动如山。

军事家的镇定一般是在生死搏杀中磨炼出来的，而王阳明修"不动心"，则是学问与实践齐修，效果却一样。

他的"不动心"是如何修成的呢？首先从克己开始。他说："人须有为己之心，方能克己；能克己，方能成己。"你要想成就自己，一定要超越自己；你超越自己，才有可能成就自己。超越之法，先要克服内心不合理的萌动。一个人需要自我超越的内容很多，超越对生的贪恋、对死的恐惧，乃是修道的至高境界，早在四十岁时，他在"龙场悟道"中实现了生死超越，"不动心"的工夫已经成就。在战争中，他提出了八字胜诀：此心不动，随机而动。面临任何危难局面，他都从容镇定，举重若轻。

王阳明平定宁王朱宸濠叛乱，与其说是双方兵战的较量，不如说是双方心战的较量。

当王阳明带着少数随从去福建处理军官哗变事件时，突然接到朱宸濠的反情，众人无不色变，只有王阳明不动声色，好像早就料到有这一天一样。他随即决定，返回吉安府，准备平叛。船夫害怕此去会为叛军所杀，不敢前行，阳明拔剑出鞘，厉声喝令其开船，否则就地正法。船夫害怕了，只好鼓勇向前。

船行至临江，王阳明登岸召见临江知府戴德孺，研究敌情。王阳明认为，朱宸濠的上策是率军直捣北京，颠覆朝廷；中策是占领南京，控制大江南北；下策是据守江西，派兵分略四方。戴德孺听了，大惊失色，他们此时手中无兵，调兵尚需时日，如何阻止朱宸濠用上策和中策？王阳明一笑：应该扰乱其心，使他用下策。

于是，王阳明让戴德孺找来一群书吏，伪造朝廷公文，公文内容显示，朝廷早已料到朱宸濠将反，两广总督、湖广巡抚以及两京兵部已多路出兵，埋伏于军事要地，待机全歼北上的叛军；各地方官员已奉朝廷密旨，负责后勤事宜，全力配合歼击叛军。

然后，王阳明命人找来一批胆勇之士，许以重利，怀揣假公文，奔走于江西境内。不少信使被捕，假公文被查获，呈送朱宸濠。朱宸濠一看，大惊失色，一面怀疑公文是假，一面担心公文是真，犹疑半月之久，大军滞留江西，不敢进军北京和南京。

当朱宸濠此心乱动时，王阳明却一心不动，迅速赶到吉安，会同吉安知府伍文定调配军粮，修治器械，积极备战，同时发出讨贼檄文，公布宁王的罪状，要求各地起兵勤王。然后，他派人上奏朝廷：宁王朱宸濠反。

半个月后，朱宸濠终于定下神来，终于意识到可能中了王阳明的疑敌之计，于是亲率六万大军，渡过长江，攻打安庆。

此时王阳明麾下已集结了八万勤王将士，兵力在朱宸濠之上，因此文武官员们纷纷建议，立即出兵，救援安庆。

但王阳明清醒地认识到，各地勤王兵从无配合作战经验，人心不齐，而朱宸濠所率却是他训练多年的嫡系，两军交战，胜负难料。为稳妥起见，他决定：直捣朱宸濠的老巢南昌。

王阳明亲率大战，兵临南昌城下。为了避免各军相互观望、人心不齐，他向各带兵将领发出严令：敲四遍鼓还登不上城墙，带队军官就要问斩。

结果，南昌城很快告破，朱宸濠的眷属及附从官员都成了俘虏。

朱宸濠听说老巢被端，再次大惊失色，急忙回军来救。

王阳明以逸待劳，分后一路，四路当面迎战，一路于后设伏。交战不久，叛军腹背受敌，被分割成数段，又中了埋伏，军心大乱，被迫溃退。

朱宸濠退守南康地区，急调九江、南康的守城部队赶来增援，准备跟王阳明决战。

王阳明率军乘胜追击，在鄱阳湖上跟朱宸濠的船队相遇。朱宸濠深信"重赏之下必有勇夫"，下令：冲锋者赏千金，受伤者赏百金。于是，叛军疯狂地向官军扑来，官军一时抵敌不住，节节败退。执掌前军的吉安知府伍文定不愧为一条好汉，挺立船上，岿然不动，指挥部下反击。他一连斩杀数名驾船后退的船夫，终于阻住败兵，大家定下神来，鼓勇向前。王阳明见反击时机已到，命人擂起战鼓，齐向叛军的战船杀去。

不料，朱宸濠拥有当时最好的武器：炮舰。随着火龙喷出，石块、铁弹齐飞，官军顿时损失惨重。伍文定的指挥船被火炮炸开了一角，

189

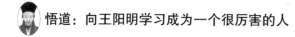

燃起熊熊烈火。伍文定无所畏惧，仍声嘶力竭地鼓励大家共赴国难。

这一战，十分惨烈，双方的伤亡都很大。朱宸濠的弹药终于用尽，唯一的优势顿失。终于，官军占了上风，朱宸濠的重赏也阻不住他的手下对死亡的恐惧，顿时大败亏输，被迫再次撤退，退守八字垴地区。王阳明乘胜追击，用火攻之策，用小船装草，迎风纵火，烧毁了宁王的副船，王妃娄氏以下的宫人以及文武官员们纷纷跳水自杀。宁王的大船搁浅，仓促间换小船逃命，被官军擒获，其他附逆的文武大臣均被擒获。

不久，王阳明派军攻下叛军占领的南康、九江，至此，宁王之乱全面平息。

朱宸濠蓄谋叛乱已久，不料从举起反旗起，仅42天就告失败，真的像如汤泼雪。不是朱宸濠无能，实在是王阳明太厉害。当王阳明接到消息时，手中尚且无兵，一番运筹，竟然将朱宸濠擒获。而他首先擒获的其实是朱宸濠的心，而他自己的心则从未被摇动。正如《明史》所赞：当危疑之际，神明愈定，智虑无遗。

一般人如朱宸濠者，无法掌控自己的心，遇到事情心神不宁、杂念纷呈，智力因此减半。王阳明一心不动，智力正常发挥，自然胜于他人。

所以说，取胜从心开始。

跟王阳明学绝学：你能战胜自己的心，你才可能从他人手中夺取胜利。

想在问题前面，成在问题后面

【王阳明语录】

事预则立，人存政举。——《知行录》

【语录精解】

事情预先准备则可成功，人才具备了才能开展治道。

有些事不用准备也可成功，只要你有足够多的时间，"摸着石头过河"，边干边准备，最后总能办好；如果是一个短期项目，非认真准备不可，哪个地方没准备好，出现"短板"，可能导致全局失败。

有些事用非常平凡的人才可以创出不凡的业绩，只要你有足够多的时间，"从战争中学习战争"，边干边学，未尝不能成功；如果是一个短期项目，那就需要合适的人才，一个萝卜一个坑。什么样的人做什么样的事，人才不到位，事情也难成功。

王阳明平定朱宸濠叛乱，不仅是双方谋略的较量，也是双方准备工夫的较量。

朱宸濠并不是一个傻瓜，他也知道准备工夫和人才的重要。早在十几年前，他就开始准备了，一是作出礼贤下士、孝敬母亲的姿态，以博取名声；二是招兵买马，积蓄力量；三是拉拢地方官员，建立基础；四是以重金收买明武宗身边的亲信；五是拉拢宗室亲王如宜春郡王、瑞昌郡王等。他的准备工夫不能说做得不足，可正因为做得太足，也是个问题：谋反毕竟是一件机密事，他前后准备了十几年，谋反的迹象已经很明显，真可谓"司马昭之心，路人皆知"，保密是谈不上了。

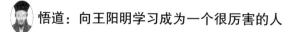

在人才方面，朱宸濠除了拉拢一些官员，还请来了两个"狗头军师"李士实、刘养正。这两个人颇有智谋，让人想起了明朝的开国功臣刘伯温。其实，天下聪明人多得很，是不是真刘伯温，难说得很。

朝廷既然知道了朱宸濠必反，自然也要有所准备。原本有人建议将朱宸濠拿下，但又有人建议朱宸濠反迹未明，证据不足，还需等待。朝廷方面自然不会干等，除政治、军事上的准备之外，由兵部尚书王琼建议，给朱宸濠安排了一对手王阳明。此前王阳明已经平定贵州、湖南、广东、广西等多起农民起义或少数民族暴动，军事指挥才能有目共睹。在朱宸濠就藩的南昌周围，也安排了许多忠勇的官员，如吉安知府伍文定等，都是为朱宸濠准备的。

王阳明本是一个深知准备工作重要的人，当他就任都察院左佥都御史后，自然明白是为了让他防止朱宸濠谋反。他做了很多重要准备：一是军事准备，行寓兵于民之策，一旦有事，一声号令，即可调集重兵；二是经济准备，打仗就是砸钱，他提前解决了军费开支的问题；三是权力准备，他强烈要求朝廷给他"便宜行事"的权力，关键时刻他可不经奏请，即行就近调兵，并有赏罚之权。此项准备后来发挥了极大作用，朱宸濠谋反一个多月后，急报才送到京城，如果王阳明需要等朝廷的诏令才采取行动，"黄花菜都凉了"。

朱宸濠自知王阳明不是等闲人物，起初有意拉拢，派刘养正和李士实前往王阳明驻跸的赣州造访，试探着表示：宁王想投在门下，以求正学。王阳明自然明白其用意，开玩笑说："宁王舍得去掉王爵，来赣州做我的学生吗？"

刘养正并未说宁王要丢掉王爵来就学，见他"听错"，索性顺水推舟，再次试探："宁王去不去爵倒在其次，只是皇上总爱出巡，无心料理国事，如此下去，如何是好？"

王阳明未有作答，李士实接口说："世上难道没有汤武吗？"

此言已经相当"反动"了，王阳明如果回答不当，可能有杀身之祸。但他不动声色，轻描淡写地说："汤武也需要有伊尹、吕尚来辅佐。"

李士实说："有汤武就有伊尹、吕尚！"

王阳明说："有伊尹、吕尚，还怕没有伯夷、叔齐吗？"

王阳明的态度不偏不倚，因此刘养正和李士实听不清他究竟想做忠臣伯夷、叔齐还是害怕伯夷、叔齐。为了麻痹朱宸濠，王阳明又派弟子冀元亨去南昌，为宁王讲学。朱宸濠对冀元亨礼遇有加，冀元亨除了吃喝游乐之外，只知向朱宸濠讲"君臣大义"，听得朱宸濠头昏脑涨，但总算听出道道来了：王阳明是敌非友，不可能为他所用。但他并未为难冀元亨，以礼送出南昌。在没有正式摊牌前，关系能维持，还是先维持着，可见朱宸濠也不是等闲人物。

双方都做好了准备，鹿死谁手，正待揭晓。

朱宸濠反迹已明，兵部尚书王琼担心朱宸濠抢先动手加害王阳明，恰在此时，福建有官军哗变，王琼趁机上奏，调王阳明去福建解决哗变官兵。此举不仅使他脱离了险地，还增加了他调动福建兵力的权力。

朱宸濠见王阳明已经离开，以为机会难得，计划在八月十五日正式举起反旗，因为这一天是秋试日，必将吸引全国官兵的目光，可收突然之效。但一件小事，却让朱宸濠改变了计划。有一天，明武宗朱厚照听到身边人都夸奖宁王贤孝，朱厚照便说：为什么人人都说宁王好呢？这不合常理啊！

朱厚照的话很快传到了朱宸濠的耳朵里。恰在此时，都察院御使萧淮上疏参劾朱宸濠的不轨行径，朱厚照召集内阁人臣商量削藩，而且京城到处流传，朝廷要将宁王押解进京。

朱宸濠建立了广泛的情报网，送来的这些不知是真是假的情报搞乱了他的头，于是跟"狗头军师"刘养正、李士实商议，提前行动。

正巧朱宸濠的43岁生日临近，江西的大小官员必要祝寿，于是，他们决定在此日起事。

在生日宴会上，朱宸濠派武士包围了前来祝寿的官员，逼迫他们拥戴自己谋反。江西巡抚孙燧、都指挥使许清、布政司参议黄弘和马思聪四人坚决不从，被杀；其他官员都表示愿意跟从宁王谋反。

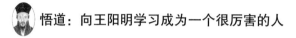

朱宸濠的谋反准备做了十几年，到头来却是仓促行动，煮了一锅"夹生饭"，可见准备太多也不见得是好事。尤其谋反这种事，应该按做项目的方式来做，才可收突然之效。他把准备工作做得路人皆知，除非皇帝是白痴，否则不可能成功。

世上的事多半如此：凡事准备好了再动手，那就什么都干不成。成功往往发生在大家都看不清的时候。

朱宸濠请的两个军师也很好笑，看不出半分刘伯温的谋略，王阳明略施小计，用几封假公文，就逼得他们改变原计划；后来渡江作战，也是临时决策，时机完全不对了。

而王阳明准备的时间虽然不长，大的方面都准备好了，一声令下，众军云集、粮饷毕备；小的方面随机应变，尽可应付得来。人才方面，王阳明这边多的是忠勇之士，取胜就比较有把握了。

跟王阳明学绝学：所以说，"事预则立，人存政举"的道理，不仅要看你是否在物质、人才等方面做好准备，还要看你准备了一些什么货色。

预防意料之外的"隐祸"

【王阳明语录】

防隐祸于显利之中，绝深奸于意料之外。——《知行录》

【语录精解】

防止隐秘的祸患于明显的利益之中，杜绝深藏的奸细于意料之外。

与敌争胜，最怕两个"鬼"，一个是"心鬼"，那是自己的安逸心。因为安逸心，不愿做工期的工夫，必然内心冲动，急于求成，于是看不到潜在的危险。一个是"内鬼"，即潜藏在身边的敌对者。他们似友而敌，像"心鬼"一样防不胜防。

王阳明非常清楚，"心鬼"和"内鬼"都能解除人内心的武装，使自己丧失警觉性，因此他说："防隐祸于显利之中，绝深奸于意料之外。"

王阳明初任南赣巡抚时，抚衙在赣州，下辖南安、赣州、汀州、漳州、潮州、惠州、南雄、郴州等七个府。这本是物阜民丰之地，如今已成了山贼的乐园，王阳明的任务就是清剿这些山贼。他知道，山贼闹了多年，屡剿不清，必然隐藏极深、遍布眼线，因此他非常留意抚衙之人，以防被内奸利益，泄露机密。他早年学过相面术，且精研"心学"，对自己之心及他人之心的变化非常了然，有很强的洞察。过不久，他就发现身边的一个书吏有问题，于是，在一个晚上，将书吏召到自己的卧室，先问了一些琐事，确定了自己的判断，然后夸奖了几句，趁书吏暗自得意时，突然问："不知这些年来，你向山贼送

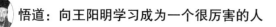

了几次情报，得了多少银子？"

书吏大惊失色，还想狡辩，被王阳明三言两语逼问，不得不吐露实情，表明自己确实是山贼安插在抚衙的内奸。根据书吏供述，王阳明将赣州城内外的山贼眼线一一抓获，总算拔去了一根心头刺。

"内鬼"已除，但"心鬼"未尽，王阳明一直认为，"破山中贼易，破心中贼难"，况且这个"贼"并不是在他自己心里，而是在他统帅的将士心里，破除更难。当时他率领的多是各府的地方军，训练水平和纪律情况不比山贼强多少，遇到危险，则相互推诿；遇到利益，则蜂拥而上。因为这个毛病，多次丧失战机，本该打胜的仗打不胜，或者先胜而后败，为敌所趁。为了争夺敌人的首级、财物，使败敌轻松逃脱的情况几乎是普遍现象。没办法，王阳明只好像教小学生一样，教他们如何打仗。在《剿捕漳寇方略牌》中，他不厌其烦地指导具体战术：首先散发假情报，"或宣示远近，或晓谕下人，此声既扬，却乃大响军士，阳若犒劳给赏，为散军之状；实则感激众心，作兴士气；一面亦将不甚紧关人马抽放一处两处，以信其事"，其目的是扰乱山贼的视线，使之无事惊忙，最后因心理疲劳而疏于防备。

其次，将兵马驻扎在贼窝不远的地方，"预遣间谍，探贼虚实"，如果有机可乘，便连夜发动突然袭击。对突袭时的具体行为，王阳明作了相当于军法的严格规定："当此之时，却须舍却身家，有死无生，有进无退，若一念转动，便成大害；劲卒当前，重兵继后，伺至其地，鼓噪而入。仍戒当先之士，惟在摧锋破阵，不许斩取首级；后继重兵，止许另分五六十骑，沿途收斩；其余亦不得辄乱行次，违者就便以军法斩首。"

敌人败逃后，官军该怎么办呢？王阳明也做了规定："重兵之后，纪功赞画等官各率数队，相继而进，严整行伍，务令鼓噪之声连亘不绝，使诸贼逃逐山谷者闻之，不得复聚。若贼首未尽，探其所如，分兵速蹑，不得稍缓，使贼复得为计。已获渠魁，其余解散党与，平日罪恶不大，可招纳者，还与招纳；不得贪功，一概屠戮。"

打了胜仗后，最忌得胜而骄，疏于防范，此时最易为敌趁，由大胜变成大败。因此，王阳明严令："乘胜之余，尤要肃旅如初；遇敌不得恃胜懈弛，恐生他虞。归途仍将已破贼巢，悉与扫荡，经过寨堡村落，务禁摽掠，宜抚恤者，即加抚恤；宜处分者，即与处分；毋速一时之归，复遗他日之悔。"

王阳明的"毋速一时之归，复遗他日之悔"，可以说专门针对将士们的安逸心而发，大战后将士们往往比较疲劳，希望迅速了却军务，回去休息，因此办事往往草率、粗鲁，缺乏耐心，必然留下漏洞。所以此时尤要克服疲劳，将事情一一做到位。

经王阳明三令五申，官军心里的"心鬼"小多了，纪律性和战斗力得到了一定加强。而山贼还处于原来的"业余水平"，"心鬼"仍大，因此跟官军交锋，屡败而少胜。

有一次，王阳明派军征剿盘踞在福建漳州象湖山一带的巨魁詹师富。当时官军是从广东、福建等地抽调而来的一支混合部队，才五千多人，敌众我寡，而且敌人又凭险据守，巢穴众多，陷阱遍布，斗志昂扬，因此官军气馁，请王阳明从广东增精锐"狼兵"前来会剿。王阳明考虑到，调"狼兵"来，不仅会增大军费开支，增加当地百姓的负担，而且"狼兵"纪律差，难免滋扰地方，因此不同意调"狼兵"，鼓励混合部队勇敢杀敌。

官军初战长富村，获得胜利，山贼退守象湖山一带。官军冉战莲花石时，广东兵为敌所阻，不能按计划到达指定地点合击。福建兵势单力孤，遭到山贼的突击，指挥覃桓等战死，福建兵败退。

官军失败后，士气大受挫伤，强烈要求王阳明调"狼兵"前来征剿。王阳明严厉训斥了几个提出此议的将领，将扬言按"失律罪"处分他们，又鼓励他们说："兵宜随时，变在呼吸，岂宜各持成说耶？福建诸军稍缉，咸有立功赎罪心，利在速战。若当集谋之始，即掩贼不备，成功可必。"他还说，广东军希望调"狼兵"来助战，山贼以为我方失败，只有调"狼兵"一途，否则再无战力。我军正可趁此时

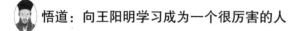

机，"奋怯为勇，变弱为强"，主动出击。

为了鼓舞士气，王阳明亲临上杭督战，同时命令假装撤军，扬言秋季后派大军来会剿。却暗中分兵三路，占据险要。山贼先前得胜，没把官军放在眼里，而且按以往跟官军交战的经验看，官军需要很长时间才能恢复战力。见官军分路撤退，更证实了此一判断，因此漫不经心。岂料此时的官军由王阳明指挥，早就不是以前的官军了。一天晚上，官军看准了时机，全线突袭，多路并进，连破数关，直捣象湖山。山贼惊惶之余，想退到悬崖绝壁上防守，谁知早为官军所占，只好四散而逃。官军乘胜追剿，连破长富村、水竹、大重坑等四十多个据点，斩杀"山贼"首领詹师富等七千余人，漳南闹了十多年的"山贼"至此一举荡平，而官军以少胜多，创下了一个奇迹。

王阳明知道"防隐祸于显利之中"，而山贼不知道；王阳明还知道敌人"隐祸"也藏于"显利"中，并且知道借失败之际巧加利用。山贼遇到这样一个脑袋能绕几个弯的对手，不倒霉也不行了！好比下棋，只能算两步的人一定下不过能算五步的人，水平的差距，就在这"算"字上。

跟王阳明学绝学： 天下事，福与祸，敌与友，原本可以相互转换，胜与败也随之而转。胜利总是归于那些能够聪明把握转换时机、掌握转换条件的人。

善找"软肋"，借胜于敌

【王阳明语录】

善用兵者，因形而借胜于敌；故其战胜不复，而应形于无穷。胜负之算，间不容发，乌可执滞。——《知行录》

【语录精解】

善于用兵者，根据敌情，向敌人"借"胜利；因此战胜的方法不能重复，应该随时依敌情而变化无穷。胜负的时机，有时间不容发，怎能犹豫不决？

兵法说："三军之灾，起而狐疑。"用兵打仗，胜机往往稍纵即逝，不能犹豫不决，所以要尽快决断，迅速定下胜敌方案。

怎样才能尽快决断呢？必须尽快了解敌情，判明敌情，依敌情而变。兵法又说："夫为不可胜，以待敌之可胜。"己方先追求不被敌人打败，然后寻找可以打败敌人的时机。当敌人不可打败时，那是没有办法的。比如长矛部队一定打不过坦克部队，但仍然可以追求"不可胜"，那便是"打得赢就打，打不赢就走"。胜负并不是依实力强弱简单决定的。无论敌之强弱，总有"可胜"的时机，你只要瞅准软肋下手，即可把握胜利。胜利虽然靠你自己的本事赢得，还在于敌人给了你机会，"借胜于敌"要点就是及时抓去敌人送来的机会。

"软肋"通常在心内而不是心外，敌情的变化反映的是敌人心情的变化。王阳明是"心学"大师，能读懂敌人心情的变化，也就知道怎样赢得胜利。

正德十二年（1517 年）正月，王阳明去赣州就任南赣巡抚时，途中船过万安，到了此水路最险要的惶恐滩，即文天祥《过零丁洋》诗中"惶恐滩头说惶恐，零丁洋里叹零丁"所说的惶恐滩，王阳明正好也遇到了一件惶恐事：只见前面的江面上，一些商船无故停下来，泊于一处。王阳明派随从打听，原来前面有数百"流贼"，正在拦船打劫。

王阳明此行本是去平山贼，没想到遇上了流贼，于是摩拳擦掌，想小试牛刀，试试自己的兵法学得如何。但他手下才三十多个人，如何对付数百流贼呢？

王阳明毕竟是学过兵法的人，不会被这表面的强弱迷惑。他很快看到了自己的优势：他这三十多人，都是职责在身、讲组织纪律的人，抱成一团就是一股力量。他也看到了流贼的软肋：乌合之众，一盘散沙。

于是，他很快想好了对策，令人竖起南赣巡抚的牙旗，将邻近的商船召集到一起，让商人们将行货标识藏好，把商船伪装成军船。又遣手下三十多个军士上岸随行，遥相呼应。

布置妥当后，排成阵势，摇旗呐喊，鼓噪前进。流贼们见了这阵势，害怕起来，哪敢交锋？他们本是贫民，为求活命，聚集起来，打劫财物，并不想在此丧命，急忙想寻路逃生，作鸟兽散。但岸上的军士挡住了他们的去路，喝令他们投降。流贼们不敢抵抗，纷纷在岸边跪下。领头者遥向王阳明的座船高声求道："我们都是万安等地的饥民，因为天灾，官府又不肯发粮赈济，没有活路，才出此下策，还望大人垂怜！"

王阳明早料到了他们的情况，抚慰说："江西的灾情，本官早已知道，此番前去，定会设法赈灾。念你们是被饥寒所迫，又是初犯，不予追究。你们速回自家，各营生计，等候官府的安置吧！"

流贼们听了，大喜过望，纷纷扔下抢来的财物，一哄而散。

王阳明此战，不费一刀一枪，轻松解决了问题，不过是抓住了对方的软肋而已！

任何人，任何队伍，都有软肋，关键在于你能否看到，看到了能否抓住。王阳明正好是一个既能看到又能抓住的人，所以他总能抓住胜利。

王阳明扫平福建的詹师富后，福建、广东、江西三省交界地区尚有大小山贼数十股，其中江西的谢志珊、蓝天凤、陈曰能，广东的池仲容、高仲仁，湖广的龚福全，势力最大。当王阳明将下一个锁定为谢志珊时，担心广东的池仲容、高仲云袭击官军后路，于是给二人写了一封招降书，劝他们投降，其意只是稳住他们。他看准了他们的软肋，在暂时安全时，只会各打自己的小算盘，不会有同道相救的义气。果然，直到谢志珊兵败被擒，二人都未相救。且不久后，高仲容也投降了。不仅如此，广东的大小山贼，如龙川的卢珂、郑志高、陈英，横水、浰头一带的黄金巢，都主动向王阳明请降，只有池仲容兄弟未降。

池仲容原是广东龙川县的大户，因被仇家诬告，官府不明，一怒之下，和弟弟池仲安带着家丁，将仇家杀尽，在三浰一带落草为寇，自封为王，从此横行二十多年，官军拿他一点办法都没有。

池仲容眼看各地贼首或被擒，或投降，顿感无穷压力，现在没有其他盗伙在前面挡灾，凭他独力跟官军对抗，他一点信心都没有。久思之下，派弟弟池仲安向王阳明投降，而自己却严加守备，并蛊惑贼众说：我等为贼不是一年两年，官军招降不是一次两次，这次又哪当得真？

王阳明看准了池仲容的软肋：心情矛盾。一方面不敢跟官军交锋，一方面不愿真心投降，企图采用“拖”字诀，一面阳示投降，一面暗中备战，想把时间拖过去，以待日后的变化。

既然对方心情矛盾，便难下决裂的决心，自可利用这一点，步步诱其上钩。

于是，王阳明对池仲安的投降表示竭诚欢迎、全然信任、大胆任用，他给池仲安下了一道命令：我军即日要征桶冈，你可率本部兵马驻于上新地，待桶冈之贼败奔上新地时，你可用心截杀，建立功劳。

王阳明的安排合情合理，池仲安岂敢不答应？这一来，池家兄弟被远远分隔，无法相互呼应了。

桶冈攻破后，池仲容更是兔死狐悲，但他仍不肯投降，开始给部下匪众大肆封官，企图激励他们拼死一战。

王阳明对他的异动看得分明，却装着看不见，仍顺着池仲容自己的话头，派人送去牛羊美酒，问他何时率部归降。

王阳明礼仪周全，池仲容也不敢说话不讲道理，找个借口说：卢珂等人跟他素来有仇，以前多次仇杀，如今见他孤立无援，时存寻仇之念，他不得不预作准备，因此投诚的时机尚且不宜。为表诚意，他派两位手下两个"都督"随使者一同返回赣州复命。

王阳明并不揭穿其言，仍顺着池仲容的话头，假装发怒，怨怪卢珂等人，不该计较昔日的私仇，企图加害投招之人。

可巧卢珂来到赣州，向王阳明汇报池仲容的反情，王阳明只好假戏真做，命人将他拿下，佯怒道："你公报私仇，罪已当死，又敢挑拨离间，乘机诬陷。池仲容之弟已然投诚，报效朝廷，岂会再有反叛之事？"又下令将卢珂杖责三十，投入大牢。池仲容的两个"都督"见此情景，以为王阳明真的被瞒过，不禁暗中得意。

王阳明暗中派人慰问卢珂，告以实情，又将两个"都督"好言打发回去。

戏做到这一步，池仲容已经被套住，只要不过分刺激他，他决不会翻脸。而王阳明自然不会给他强烈刺激，只是提一个小小的合理要求而已。

过不久，王阳明下命张灯结彩，在赣州城内大飨将士，并告谕远近："今贼巢皆已扫荡，三浰新民又将诚心归化，地方自此可以无虞。民久劳苦，宜暂休为乐。"同时下令刀枪入库，士卒回家，共享太平。

既然是大飨将士，池仲容自然也在应邀之列。他不来，等于自露

202

其奸；他来了，好像也没有什么危险。于是，池仲容带着一队壮士，前往赣州。

老虎离了窝，就好对付了。但王阳明决心将戏演完，对池仲容热情招待，美女珍馐，无不毕备。也许他的"良知"正在交战，不知以"鸿门宴"杀死这个悍匪是否符合道义。不过，当池仲容住到春节后，坚持要走时，王阳明不再犹豫，派人假扮刺客，将池仲容及手下全部格杀。随后，派兵荡平了池仲容的匪巢。

自此，山贼之乱，终告平息。

王阳明扫山贼，所率之人，不是文官，就是"偏裨小校"，可他却把作乱数十年的"巨寇"——肃清，因此，"远近惊为神"。

跟王阳明学绝学：王阳明的"神"，在于他善能"借胜于敌"；而他的"借"，不过是读懂了敌人的心，善于利用敌人的心理变化而已！

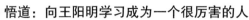

❧ 训练常胜团队 ❧

【王阳明语录】

其勇力虽有，而节制未谙；向慕虽诚，而情意未洽；一时调用，亦恐兵违将意，将拂士情，信义既未交孚，心志岂能齐一。——《知行录》

【语录精解】

他们虽然有勇力，但不熟悉军事指挥；虽然有斗志，但感情尚未融洽，一时之间调用他们，只怕士兵会违逆将领的命令，将领伤害士兵的感情。信义还没有交融，心志怎能合而为一？

《孙子兵法》第一篇，谈了判断胜负的七大要素："主孰有道？将孰有能？天地孰得？法令孰行？兵众孰强？士卒孰练？赏罚孰明？"世间胜负，都不出这七大要素。王阳明熟读兵书，自然明白其理。

但是，读过兵书的人很多，许多人读了跟没读一样，甚至更糟，反倒把脑筋搞坏了。为什么呢？有的人流于想象，知道却不去做，王阳明比他们高明的地方在于，他"知行合一"，老老实实按自己知道的去做，而不是夸夸其谈。还有的人纸上谈兵，一切都想按书本做得一分不差，否则就以为做坏了，就不知怎么办才好了，所以他们老埋怨别人不按他们的套路出招。王阳明比他们高明的地方在于，他在力所能及的范围做事，而不求完美。七大要素等于七门功课，总分七百，谁都考不了满分，也没有必要，你只要做得比对手高那么几分，你就可以做赢家。

204

王阳明去南赣带兵前，那一带的官军和山贼都属于"差生"级，七门功课都有得分，你方这门强一点，我方那门强一点，总分差不多，都不高，所以双方斗了二三十年，互有胜负，谁都不能真正打败对方。

王阳明来到南赣后，对自己的任务非常明确：他是教练，不是参赛选手，他的任务不是像诸葛亮、刘伯温那样想出几个奇招妙计，一举制胜；更不是像韩信、岳飞那样亲临前线指挥。他的任务只是将官军从"差生"变成"优生"或"次优生"，同时在"道"的方面使胜负变得有利于官军。

王阳明在南赣，主要强化了以下几门功课：

一是行道。山贼都是破产农民，为求活路而聚众为匪。因为天灾和官府逼迫，破产农民越来越多，所以山贼永不乏兵源。王阳明积极整顿吏治，减轻对农民的压迫，同时积极救灾，将饥民从生死线上救下来，然后设法安排就业。这一来，山贼的兵源少了，不再像以前那样愈剿愈多。可以说，当王阳明做好这一步，山贼已经被剿了一半。

二是立法。以前官军纪律废弛，比土匪好不了多少，王阳明治军的第一步是严明军纪，使官军变得像官军，让老百姓觉得还是官军比较可爱，作战时，百姓自然会偏袒官军一方。他还推行"十家牌法"，使百姓改变跟山贼任意交通的习惯，以杜绝山贼的经济与情报来源。

三是强兵。王阳明知道，兵在精而不在多，那些专靠当兵吃粮，打仗不起劲讨军饷起劲的"兵痞子"，有还不如没有。但官军的素质是多年积习而成，一时很难改变，靠他们打仗，如同"驱羊攻虎"，什么奇招妙计都不灵。因此，王阳明的倾向是少用官军，尽量精选武勇敢战的民兵。他一上任便要求各县在牢头、捕快、打手中"挑选骁勇绝群、胆力出众之士，每县多或十余人，少或八九辈，务求魁杰异材，缺则悬赏召募"。每县虽然只有十几人，最后招募而来的不过数千人，作为一种机动力量，确实能当大用，往往以少胜多，令山贼闻风丧胆。

后来曾国藩办"团练"，用的就是王阳明之法，以民兵平定了太平天国起义。但蒋介石用此法时，却无建树，原因在于无"道"，只

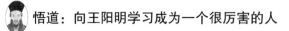

关心胜负，不关心百姓的疾苦死活。所以说，讲兵法也好，讲商法也好，只能在"道"的前提下讲，失了"道"，什么法都不灵了！

四是练卒。王阳明认为，"习战之方，莫要于行伍；治众之法，莫先于分数；所据各兵既集，部曲行伍，合先预定"。为了让官军提高战斗力，由纪律散漫变得训练有素、令行禁止，他对官军重新编制，"每二十五人编为一伍，伍有小甲；五十人为一队，队有总甲；二百人为一哨，哨有长、协哨二人；四百人为一营，营有官、有参谋二人；一千二百人为一阵，阵有偏将；二千四百人为一军，军有副将、偏将无定员，临阵而设。小甲于各伍之中选材力优者为之，总甲于小甲之中选材力优者为之，哨长于千百户义官之中选材识优者为之。副将得以罚偏将，偏将得以罚营官，营官得以罚哨长，哨长得以罚总甲，总甲得以罚小甲，小甲得以罚伍众。务使上下相维，大小相承，如身之使臂，臂之使指，自然举动齐一。"

对于民兵的训练与指挥，他也做了具体规定，"多者二三百人，少者一百人，或五十人，顺从其便，分定班次。各役若无别故，自行统领，或有事故相妨，许今推选亲属为众所服者代领，前来赣城，皆于教场内操演。除耕种之月，放令归农，其余农隙，俱要轮班上操。仍于教场起盖营房，使各有栖息之地；人给口粮，使皆无供馈之劳；效有功勤者，厚加犒赏；违犯约束者，时与惩戒。如此则号令素习，自然如身、臂、手指之便；恩义素行，自然兴父兄子弟之爱；居则有礼，动则有威，以是征诛，将无不可矣。"

五是赏罚。王阳明对赏的重视更甚于罚，先用赏把士气调动起来了，大家都有功劳，都该受赏，受罚的自然少了。所以他赏赐的人很多，惩罚的人不多。

六是用间。王阳明非常注意防敌间谍，又重视己方间谍的运用。以前山贼眼线广布，官军在明，山贼在暗，官军有所行动，山贼了如指掌。后来反过来了，官军眼线广布，而山贼的眼线多被清除。官军以明眼人打半盲人，自然争得了主动。

王阳明将以上几门"功课"的成绩提高了，效果马上出来了，山贼不再是同一个级别的对手，胜负就此决定。没用多长时间，横行二三十年的山贼便被收拾得干干净净。

跟王阳明学绝学：争胜负跟学生参加考试是一个道理，"优生"和"差生"的较量，结果早在进考场前就已经决定了。王阳明深知此理，把工夫做在战场之外，真正到了战场，只是谨防意外罢了。所以说，胜负并不神秘，都可以做在眼睛能看见的地方，胜得明明白白。

务要申严纪律

【王阳明语录】

各官在途，务要肃整行伍，申严纪律，禁缉军兵，不得犯人一草一木。——《知行录》

【语录精解】

各位官员行军在途，一定整肃队伍，严格申明纪律，严肃约束士兵，不得侵犯他人的一草一木。

在近现代史上，对王阳明很感兴趣的有两个人，一个是曾国藩，一个是蒋介石。曾国藩真正读懂了王阳明，既学到了王阳明的"道"，也学到了王阳明的"法"，还有一点没学到手：由良知而起大爱。蒋介石读懂了王阳明一半，没学到王阳明的"道"，但学到了王阳明的"法"，"大爱"谈不上，"宁可错杀一千，不可漏过一个"之类的话，王阳明无论如何说不出口。

王阳明每次下令出兵或收兵，往往下谕，严申纪律。例如，他的《督剿安义逆贼牌》写道："但有不遵号令及逗遛退缩，扰害平人者，仰即遵照本院钦奉敕谕事理，听以军法从事。本官务要申严纪律，整束行伍，必使所过之地，秋毫无犯；所捕之贼，噍类不遗；庶称委任。如或纵弛怠忽，致有疏虞，军令具存，罪亦难贷。"但说归说，下属执行得如何，这很难说。他的部下间或亦有杀良冒功的情形。例如长富村之战，杀432人，俘146人，烧毁房屋400余间，夺马牛无数，其间难道没有无辜村民吗？

但总的来说，王阳明治军较严，且有法可依。他带兵之初，制定了几个军法，还有一个民法，即"十家牌法"。王阳明制定军法，各项罚则开列明白，且执行严格，违者必究。例如，他的《行岭北道申明教场军令》严格规定了练兵的纪律：

一，各兵但有擅动地方一草一木者，照依军令斩首示众。

一，各兵但有管哨官总指称神福，馈送打点等项名色，科派银物自一分以上，俱许赴该道面告究治。

一，管哨官凡遇歇操之日，并在营房居住，钤束机兵，教演武艺。敢有在家游荡，及挟妓饮酒，朋伙喧哗者，访出捆打一百。

一，各兵但有疾病事故，许管哨官禀明医验，不许雇人顶替，如有用财买求地方光棍替身上操，仰该管总小甲拿获首送该道枷号，如隐情不首，事发，连总小甲一体枷号。

一，各兵在市买办柴米酒肉等项，俱要两平交易，如有恃强多占分两，被人告发，枷号示众。

一，管哨官凡遇各兵斗殴喧闹等项，小事量行惩治，大事禀该道拿问，不许纵容争竞嚣乱辕门。

一，各歇操之日，各将随有器械，务在整刷锋利鲜明，毋得临时有误。如平日懒惰，不行修理，上操之际，弦矢断折，铳炮不响，旗帜不明，查出捆打一百。

一，各兵遇上班之日，不许因便赴该道府告家乡户婚田上等项事情，查出痛责四十。

一，各兵上街行走，俱要悬带小木牌一面，上写某哨官总下某人，年甲籍贯辨别。如有隐下兵打名色，另着别样衣冠，暗入府县，挟骗官吏，及来军门并道门首打听消息，访出枷号不恕。

一，各兵领到工食银两，俱要撙节用度，谨慎收放，如有奢侈用尽，及被人偷盗，纵来诉告缺失，俱不准理，仍重加责治。

一，各该上班兵夫，如有限期未满，先行逃回者，差人原籍拿来，用一百斤大枷枷号教场门首三个月，满日，捆打一百，仍依律问发边

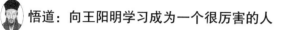

远充军。

一，各哨官并兵夫，有军门一应便宜，及利所当兴，害所当革者，许赴军门及该道直白条陈，不许诸人阻当。

王阳明的"十家牌法"，主要是为了防止民众跟山贼交通。他说："访得所属军民之家，多有规图小利，寄住来历不明之人，同为狡伪欺窃之事；甚者私通畲贼，而与之传递消息；窝藏奸宄，而为之盘据黉缘"。而"十家牌法"的内容是：

"在城居民，每家各置一牌；备写门户籍贯，及人丁多寡之数，有无寄住暂宿之人，揭于各家门首，以凭官府查考。仍编十家为一牌，开列各户姓名，背写本院告谕，日轮一家，沿门按牌审察动静；但有面目生疏之人，踪迹可疑之事，即行报官究理。或有隐匿，十家连罪，如此庶居民不敢纵恶，而奸伪无所潜形。"

所谓"十家牌"，跟办身份证差不多。当时的户籍登记制度不健全，民众流动性很大，各人的身份很难弄清。进行身份登记后，山贼伪装为民众活动就没那么方便了。十家连坐取自古代的连坐法，本是屡被废除的酷法，王阳明借用之，或取"乱世用重典"之意。好在他前面用了"仁道"做药引，大大减弱了连坐的酷烈，否则是行不通的。可见王阳明真正是个懂得用法的人，非常清楚法的利与弊。

据说日本人研习王学的人很多，"心学"在日本的流传反比在中国为广。后来，日本侵华，很多方法跟王阳明相似，例如办"良民证"，用连坐法威逼百姓，兴办学校而散布军国主义，还假仁假义，见了老人鞠躬，见了小孩发糖果，诸如此类。但是，侵略者本无"道"可言，王学用得再好，也只是一件外衣而无实体，没有用的。

跟王阳明学绝学：做学问只求形似没有用，得其精神，才能得其真工夫。

不战屈人之兵

【王阳明语录】

用兵之法，伐谋为先；处夷之道，攻心为上。——《知行录》

【语录精解】

用兵的方法，以谋略为先；处置"夷民"的正道，以攻心为上。

王阳明不是好战之人，况且他深知"自古好战必亡"的道理，只要好战，败会亡，胜也会亡。因为打仗不仅是两军交锋，所有人都会被拉下水，出钱出力出血，时间长了，再强大都会被拖垮。何况王阳明带兵时，国家的经济和军力都谈不上有多强大，他手中可供支配的战争资源非常有限，所以他多用谋略，尽量少用兵，少花时间；他尤其喜欢不战屈人，用和平手段解决问题。

王阳明进攻山贼之前，必晓谕贼众，"但能悔恶来归，仍与安插。或能擒斩同伙归投者，准其赎罪，仍与给赏"。对投降贼众，发给"新民牌"，以示赦免前罪，准许重新做人。多数山贼只是为生活所迫，被迫入伙，并无跟官军决死到底的决心，因此，投降者很多，或变成平民，或加入官军，参与作战。

对不愿投降者，王阳明以谋略为先，仍行攻心之策，进行最后争取。

当王阳明率军攻打横水的谢志珊时，可谓遇到了劲敌。谢志珊为人颇有政治野心，自封"征南王"，亦有几分政治头脑，跟悍匪陈曰能、蓝天凤等结为战略伙伴，又派人跟广东的高仲仁谈判，商议共同对抗王阳明。谢志珊还开发出了久已失传的吕公战车，布置于各个关口，抵御官军。

王阳明知道，攻打谢志珊甚难，必须谋略与攻心兼施。而他手下的将领们都认为，攻打企图凭险顽抗的谢志珊，难度太大，不如先打桶冈的蓝天凤，去其羽翼。王阳明认为，其他山寨以谢志珊马首是瞻，若攻桶冈，其他山寨必救，腹背受敌，势必不利。一旦拿下横水，可收擒贼擒王之效。况且官军已经放出了准备攻打桶冈的风声，湖广巡抚也领衔上奏了朝廷，谢志珊必然深信不疑，放松警惕。此时寻机突进，可收出其不意、攻其不备之效。

经过周密的部署，在一个雾气朦胧的早晨，官军突然向横水的谢志珊发起了佯攻。谢志珊凭借地形之利，顽强抵抗。突然，远近山谷炮声雷动，烟雾之中，只见山上山下尽是官军旗号，四下里有人大喊："我等已打下贼巢！"在前面抵抗的贼众以为老寨被破，大势已经不妙，一个个失去斗志，如惊弓之鸟，四散溃逃。

其实，那只是王阳明事先安排的几百个山民和樵夫在虚张声势，各处要点都还在山贼手中。但山贼一旦开始溃散，险关要隘自然不攻而破。谢志珊阻不住部众的溃势，无奈之下，只好带着少量人马，逃往桶冈，投奔蓝天凤。

王阳明指挥得胜之兵，趁势攻到桶冈。

桶冈的地形十分险要，四面高山接天、悬崖壁立，只有几个入口，必须架设绳梯，攀壁而上，山贼只需少人把守，便插翅难入。桶冈中间却地势平坦，气候宜人。蓝天凤为了长期驻守，率领手下开荒种田，自给自足。因此，桶冈的形势是：攻，攻不进；困，困不死。怎么办？王阳明想到的还是攻心。他派使者进入"贼巢"，劝谢志珊、蓝天凤投降。

蓝天凤及部下多愿意投降，而谢志珊态度坚决，不肯投降，"主降派"和"主战派"意见不一，议论不休。王阳明趁敌人内部犹豫不定、人心不齐时，派知府邢珣、伍文定等率军进至各出击地段，于次日晨，冒雨急攻，一举突破险隘。山贼惊惶之下，仓促派人守备，已经来不及，只好且战且退。官军乘胜前进，连破贼巢五十多个，斩二千多人，俘二千多人，谢志珊、蓝天凤都被活捉。

有趣的是，王阳明听说抓住了谢志珊，来了兴趣，特意命人押来，问："你何以能网罗这么多同党？"

谢志珊说："也不容易。"

王阳明饶有兴趣地问："怎么不易？"

谢志珊说："我平生遇见世上的好汉，断不轻易放过；必多方勾致之，或纵之以酒，或帮他解救急难，等到相好后，再吐露身份，最后无不追随我。"

王阳明听了，感慨不已，命人将谢志珊带出，就地正法，又对跟他从军的学生说："我儒一生求朋友之益，不也是这样吗？"

王阳明做自己的本职工作做得很好，假设聚众造反也是本职工作的话，谢志珊做得也很好，两人正有许多共同之处，难怪王阳明对他产生惺惺相惜之意。可惜二人如同水火，势必不能相融，最后王阳明以水灭火，大概是天数。

当王阳明全力攻打谢志珊、蓝天凤时，为防广东的贼首池仲容、高仲仁夹击官军，王阳明以仁人之心，写了一封精彩的《告谕浰头巢贼》，广为散发，使尽人皆知。"告谕"首通报官军日前扫平詹师富等贼众的情况，"斩获功次七千六百有余，审知当时倡恶之贼不过四五十人，党恶之徒不过四千余众，其余多系一时被胁，不觉惨然兴哀"，并且表明，他不想杀死那些本可不杀之人，前提是不要负隅顽抗。

接着，王阳明备述贼众为"贼"的不智，同时为其开脱，承认他们有不得已的苦衷："夫人情之所共耻者，莫过于身被为盗贼之名；

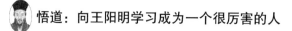

人心之所共愤者，莫甚于身遭劫掠之苦。今使有人骂尔等为盗，尔必怫然而怒。尔等岂可心恶其名而身蹈其实？又使有人焚尔室庐，劫尔财货，掠尔妻女，尔必怀恨切骨，宁死必报。尔等以是加人，人其有不怨者乎？人同此心，尔宁独不知；乃必欲为此，其间想亦有不得已者，或是为官府所迫，或是为大户所侵，一时错起念头，误入其中，后遂不敢出。此等苦情，亦甚可悯。"

接着，王阳明替他们指明生路："若尔等肯如当初去从贼时，拚死出来，求要改行从善，我官府岂有必要杀汝之理？尔等久习恶毒，忍于杀人，心多猜疑。岂知我上人之心，无故杀一鸡犬，尚且不忍；况于人命关天，若轻易杀之，冥冥之中，断有还报，殃祸及于子孙，何苦而必欲为此。我每为尔等思念及此，辄至于终夜不能安寝，亦无非欲为尔等寻一生路。惟是尔等冥顽不化，然后不得已而兴兵，此则非我杀之，乃天杀之也。今谓我全无杀尔之心，亦是诳尔；若谓我必欲杀尔，又非吾之本心。尔等今虽从恶，其始同是朝廷赤子；譬如一父母同生十子，八人为善，二人背逆，要害八人；父母之心须除去二人，然后八人得以安生；均之为子，父母之心何故必欲偏杀二子，不得已也；吾于尔等，亦正如此。若此二子者一旦悔恶迁善，号泣投诚，为父母者亦必哀悯而收之。何者？不忍杀其子者，乃父母之本心也；今得遂其本心，何喜何幸如之；吾于尔等，亦正如此。"

考虑到有些人还抱有侥幸心理，以及对官府的猜疑心理，王阳明继续劝说："闻尔等辛苦为贼，所得苦亦不多，其间尚有衣食不充者。何不以尔为贼之勤苦精力，而用之于耕农，运之于商贾，可以坐致饶富而安享逸乐，放心纵意，游观城市之中，优游田野之内。岂如今日，担惊受怕，出则畏官避仇，入则防诛惧剿，潜形遁迹，忧苦终身；卒之身灭家破，妻子戮辱，亦有何好？尔等好自思量，若能听吾言改行从善，吾即视尔为良民，抚尔如赤子，更不追咎尔等既往之罪……尔等若习性已成，难更改动，亦由尔等任意为之；吾南调两广之狼达，西调湖、湘之土兵，亲率大军围尔巢穴，一年不尽至于两年，两年不尽至于三年。尔之财力有限，吾之兵粮无穷，纵尔等皆为有翼之虎，谅亦不能逃于天地之外。"

最后，王阳明表明了愿意给贼众自新之路的诚意："吾岂好杀尔等哉？尔等苦必欲害吾良民，使吾民寒无衣，饥无食，居无庐，耕无牛，父母死亡，妻子离散；吾欲使吾民避尔，则田业被尔等所侵夺，已无可避之地；欲使吾民贿尔，则家资为尔等所掳掠，已无可贿之财；就使尔等今为我谋，亦必须尽杀尔等而后可。吾今特遣人抚谕尔等，赐尔等牛酒银两布匹，与尔妻子，其余人多不能通及，各与晓谕一道。尔等好自为谋，吾言已无不尽，吾心已无不尽。如此而尔等不听，非我负尔，乃尔负我，我则可以无憾矣。呜呼！民吾同胞，尔等皆吾赤子，吾终不能抚恤尔等而至于杀尔，痛哉痛哉！兴言至此，不觉泪下。"

王阳明的劝说，都针对贼众的心理而发，并不讲什么忠君爱国的大道理，只讲小道理，一切为贼众的身家性命考虑，而且软话中夹着硬话，硬话中软话，软硬兼施，直攻其心，除非反叛意志特别强烈的人，谁能不动心呢？

后来，当王阳明进军广东时，广东的农民起义军多数主动投降，瑶族暴动的首领金巢、卢珂等也率众投降，卢珂参加剿匪战斗，立了大功，还被王阳明保举为官。可见王阳明的"精神炸弹"确实起了很大的作用。

当王阳明举兵平定宁王朱宸濠叛乱时，双方最后决战于鄱阳湖。当时叛军兵力甚强，且拥有当时最先进的火炮，使官军损失惨重，几乎抵敌不住。此时，王阳明又放出了早就准备好的"精神炸弹"——用竹木削成的"免死牌"，上书一行小字："宸濠叛逆，罪不容诛；协从人等，有手持此板，弃暗投明者，既往不咎。"王阳明下令连夜

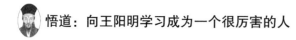

将几十万块"免死牌"扔入鄱阳湖中，第二天天亮，叛军人手一块"免死牌"，再无死战决心，军心大变，战斗力大衰。朱宸濠见此，知道大势已去，不禁哀叹："好个王守仁，以我家事，何劳费心如此！"

朱宸濠想学明成祖，抢侄儿的皇位，那是他的"家事"，可也是天下事，那些将士凭什么白白为他的"家事"送死？王阳明的攻心术，可谓正好点中了叛军的"软麻穴"，胜负也就此决定。

跟王阳明学绝学：王阳明屡获胜功，有人讥议他"多诈"，但"兵者诡道"，他既然带兵，不"诈"也不行了。假设他一直当一个学者，或者也可终生为赤诚君子吧！在胜负场上，只能变成"胜负师"，按胜负的规律去做，才能成为最后的赢家。

人须在事上磨，才立得住

【王阳明语录】

人须在事上磨，方能立得住；方能静亦定、动亦定。——《知行录》

【语录精解】

人必须在事上磨炼，根基才稳固；才能静时心定，动时心也定。

有一次，一个学生向王阳明请教："安静时还觉得心里的意思很好，刚一遇到事心态便不同了，怎么办？"

王阳明说："这是因为只知道静养而不用克己的工夫啊！这样一遇到事，便要'跌倒'了。人必须在事上磨炼，根基才稳固；才能静时心定，动时心也定。

王阳明一生的成就，大半出自涵养，小半出自学问。而他的涵养工夫，集中表现于"不动心"，即"心定"。因为心定，遇到任何事，他总是那么从容自信，处理问题总是那么头脑冷静。

普通人在智能、学问上不一定比那些大人物差，定心的工夫就差多了。工夫最差的人，平时没事时也定不下心来，非得想出一点事来，让自己担心、烦恼、生气、难过……种种杂念，将一颗心搅得像转轮上的小白鼠，难得片刻安宁；遇到事更不得了，心里马上产生强烈的"化学反应"，产生什么物质就难说了。最怕产生液化气、火药，一点就炸。

工夫高一点的人，平时尚能心态平和，遇到自己的熟悉的人、熟悉的事，心情适然，无忧无虑，一旦遇到不熟悉的人、不熟悉的事，心里头便跑起了马，尘土飞扬，蹄声嗒嗒。

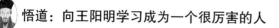

工夫再高的人，善于过滤信息，将扰乱情绪的内容排开，以保持内心的镇定；或善于分析信息，从有利的一面看问题，自宽自解。但一旦遇到难以排解的问题，仍会积郁于心。

工夫再高的人，早就体验到凡事都有解决办法，遇事不慌不忙，"缓步徐行静不哗"，总能冷静地分析问题，从不利条件中寻找有利条件以解决问题。工夫修到此等地步，一般够用了，但跟最高境界还差得很远。一旦意识到事情确实无法解决，仍难免感到沮丧、慌乱。

真正能够定心的人，往往对世界人生已经有通透的理解，活到"可生可死"的境界。一般人到不了也不需要到如此高的境界，但仍有必要多做工夫，尽量将自己提升到从容自信、遇事不慌不忙的地步。

如何提高定心工夫呢？做学问是一法，通过学习、思考，对许多内心充满疑虑的事渐渐领悟了，不再迷惑了，心便安定多了。古人说得好，"腹有诗书气自华"，通过读书，智慧提升了，自信增强了，应付大部分场合都不怯场，心不是安定多了吗？

但只是读书还不够。大文豪伏尔泰肚子里"诗书"够多了，却常跟妻子怄气，八十岁了还负气出走，冻死在外面。真正的工夫，正如王阳明所说，"须在事上磨，方能立得住"。学问只能搭起一个花架子，钢筋铁骨还要从事上来。最胆小的士兵身经百战后，也会变成勇士；最没工夫的人，身经百事后，也会变得心如"定海神针"。所谓"百事"，即各种各样的事，多经历，多体验，每经一事，对心就是一次打磨，打磨越多，心越明亮。每天按部就班地做同样的事，那是远远不够的。

王阳明讲"知行合一"，历来强调做事，而且他从不把做事和做学问、做工夫分成两件事。有一次，一位下属官员因为常听王阳明讲学，为没有时间拜王阳明为师而感到遗憾，对人说："此学甚好。只是薄书讼狱繁难，不得为学。"

王阳明听了，对他说："我何尝教尔离了薄书讼狱，悬空去讲学？尔既有官司之事，便从官司的事上为学，才是真格物。如问一词讼，不可因其应对无状，起个怒心；不可因他言语圆转，生个喜心；不可恶其嘱托，加意治之；不可因其请求，屈意从之；不可因自己事务烦冗，随意苟且断之；不可因旁人潛毁罗织，随人意思处之：这许多意思皆私，只尔自知，须精细省察克治，唯恐此心有一毫偏倚，杜人是非，这便是格物致知。薄书讼狱之间，无非实学；若离了事物为学，却是著空。”

有的学生接受了王阳明“在事上磨”的观念，却对做事没有信心。有一次，一个学生说：“我这人只是不了事。”

王阳明说：“那是因为你不明了良知。”

学生听了，莫名其妙，却不敢再问。

王阳明又说：“所谓了事，也有不同。有了家事者，有了身事者，有了心事者。你所谓了事，大概是以前程事为念，虽说是了身上事，其实有置办家业的想法，这是想了家事。若是单了身事，言必信，行必果者，已是好男子。至于了心事者，果然难得。若知了心事，则身家之事一齐都了。若只在家事、身事上落脚，世事何曾有了时？”

一个人想办好家事、自身事，必然五心难定，只有先检索良知，安定自心，那么办任何事都无疑难、无畏怯，容易成功，岂不是什么事都一起办妥吗？由此看来，带着强烈的欲望做事，对定心的好处还不够大，如果以定心为目标去做事，或许是一条捷径。

还有的人，想做事却好像没有更多机会，只能每天做些重复性的工作，学问的进步、事业成长自然缓慢，也不利于“磨心”。

其实，王阳明所谓做事，不一定都要动手做事，动眼、动嘴、动脑，都无不可，你想做事随时都有机会。例如，王阳明教授弟子，经常找事给他们做。

对于初学者，王阳明往往让先入门的弟子教习，等“志定”后，才正式接见。王阳明在《教约》中规定，入门者每天早晨必做一项功课——当众实话实说：爱亲敬长的心是否真切？一应言行心术，有无欺妄非僻？很显然，这对学生的心灵是一个强烈的考验，在心里反省

219

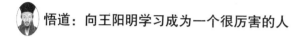

跟说出来，内心的体验大不一样。反省只是学，说出来便是行，真可谓"知行合一"。对于歌诗、习礼，王阳明都规定了具体的要求：歌诗不能躁急、荡嚣、馁嗫，是为了精神宣畅、心气和平；习礼时要澄心肃虑，以坚定德性。

等学生的入门工夫做好后，王阳明再亲自教授。每次临坐，先要焚香默坐多时，然后让学生讲述见解或提出问题，王阳明及时给予点拨。

王阳明的教学活动，都贯穿着"行"，贯穿着做事。他的方法很值得有意自磨其心者借鉴。例如：对着镜子，将内心的志向大声说出来，这便是"行"；不怕朋友、同事嘲笑、怀疑、嫉妒，将内心的志向告诉他们，更是"行"；大胆向你该道歉的人道歉，这也是"行"；大胆在公众场合发言，这也是"行"。总之，练心的方法很多，随时可以实行，怕什么就迎头上，练多了，心理素质自然提高了。

跟王阳明学绝学：最好的练心是积极解决生活、工作及人际关系上的难题。当一个个难题被你克服，你自然无所畏惧，此心焉得不定？

先讲"人性"，再求事功

【王阳明语录】

须能尽人之性，然后能尽物之性。——《知行录》

【语录精解】

必须能够领悟人性，然后能够领悟事物的规律。

在王阳明的"心学"体系中，心、性、理、良知等概念几乎可以互用。他说："心之体性也，性即理也。"你只要明了自己的心性、良知，自然可以明白天理。明白了天理，自然可以明白事理，办事自然有成。

那么，心、性、理、良知既然同一，为何分成三个概念呢？因为三者毕竟还有微妙的区别，王阳明说："知是理之灵处。就其主宰处说，便谓之心；就其禀赋处说，便谓之性。"

王阳明的观点很难理解，历代也有不少争议，他也被认为是"唯心主义"的典型代表，当"唯物主义"占主流时，他的学说往往被束之高阁。

但就在社会上追求事物来说，王阳明的学说其实有很多优势。世间事无非是人的事，你想把事情料理好，先要把心料理好——别人的心和你自己的心。你想把心料理好，必然从了解人性人情入手。人性人情带来事情的不断变化，成败都在人情事变中，你从源头处用功，了解人性人情，岂不是可以预知事情的变化吗？

王阳明说："除了人情事变，则无事矣。喜怒哀乐非人情乎？自

221

视听言动，以至富贵贫贱、患难死生，皆事变也。事变亦只在人情里。其要只在致中和；致中和只在谨独。"芸芸众生，天下万象，都可归到两个原点：一个人情，一个事变。你想探寻他人的人情变化，只怕不能够，人情如潮，千变万化，怎能了解？你只能保持一心宁静，勿生妄念，使心像明镜一样，然后你才能观照他人的人情变化。

当然，做好"谨独"工夫，保持内心宁静，是一件很难的事，如何着手？不妨通过王阳明如何依人情办事，从中领悟如何做工夫。王阳明不仅是思想家、军事家，也是一位杰出的教育家，门人弟子遍天下。而且他每到一地，都要开办学校，为教育事业做了很大的贡献。他在施教或为各地学校拟定教学宗旨时，完全依从"天理"，不让内心的"尘埃"干扰教学效果。他做到这一点，无非是保持心如明镜，尽其"人性"。

王阳明小时称得上好学，但并不喜欢苦学，而且举目所见，乐意苦学的孩子很少，那又何必要求学生苦学呢？所以，他提出了教学要求："凡授书不在徒多，但贵精熟。量其资禀，能二百字者，止可授以一百字。常使精神力量有余，则无厌苦之患，而有自得之美。讽诵之际，务令专心一志，口诵心惟，字字句句绸绎反覆，抑扬其音节，宽虚其心意。久则义礼浃洽，聪明日开矣。"中国现在的老师们，应该把王阳明这段话反复背诵三遍，再抄写下来贴在书案上。许多老师唯一的本事就是"徒多"，教学时间多，作业多，补课多，他们以前读书时被老师逼得头昏脑涨，每天希望改革教育，现在当了老师，又去逼学生，真是忘了"良知"，不讲"人性"。

王阳明当学生时，喜欢有爱心的老师而讨厌冷漠的老师，而且他是成功人士，自然知道成功是怎么回事，主要靠的不是学问，于是他要求老师们："视童蒙如己子，以启迪为家事，不但训饬其子弟，亦复化喻其父兄；不但勤劳于诗礼章句之间，尤在致力于德行心术之本；务使礼让日新，风俗日美，庶不负有司作兴之意，与士民趋向之心，而凡教授于兹土者，亦永有光矣。"假设老师真的能视学生如己子，即使什么都没教，已经教了很多了！而有的老师全无爱心，稍不顺心，对学生张嘴就骂，动手就打，看似教了学生很多，其实让学生蒙受了终生损失。

王阳明是做学问有成的人，自然明白自己的学问是怎么一步步积累起来的，哪一步都勉强不来，所以他要求老师们尊重学生的心理规律和接受水平，不要拔苗助长。他说：

"大抵童子之情，乐嬉游而惮拘检，如草木之始萌芽，舒畅之则条达，摧挠之则衰萎。今教童子，必使其趋向鼓舞，中心喜悦，则其进自不能已。譬之时雨春风，霑被卉木，莫不萌动发越，自然日长月化；若冰霜剥落，则生意萧索，日就枯槁矣……若近世之训蒙稚者，日惟督以句读课仿，责其检束，而不知导之以礼，求其聪明，而不知养之以善；鞭挞绳缚，若持拘囚。彼视学舍如囹狱而不肯入，视师长如寇仇而不肯见，窥避掩覆以遂其嬉游，设诈饰诡以肆其顽鄙，偷薄庸劣，日趋下流。是盖驱之于恶而求其为善也，何可得乎？"

王阳明此语，好像不是在责备当时的老师，而像是在嘲讽今天的老师。今天的老师最大的本事是把学生弄得进学校就像进监牢一样，非但"不肯入"，反倒视老师如仇敌，宁可去网吧等地"嬉游"也不肯读书。弄得学生厌学，不仅是教学的失败，也是老师难以弥补的过失啊！

跟王阳明学绝学：凡事都要讲规律，而有些规律确实可以自求己心。明了自己的人性以及人情变化，自可观知他人的人性人情，顺从人性人情，你就离成功不远了！

凭良心办事

【王阳明语录】

事物之来，但尽吾心之良知以应之，所谓"忠恕违道不远"矣。

——《知行录》

【语录精解】

事情来了，只是尽我心里的良知来应对，那就是"忠恕违道不远"了！

王阳明认为，一生只需做一件事：致良知。他说："事上磨炼，一日之内不管有事无事，只一意培养本原。"无事时守着良知，如同有事一样；有事时也守着良知，如同无事一样。但是，凭良知做事，不一定都能做好，"乃有处得善与未善"，为什么呢？"又或事来得多，须要次第与处，每因才力不足，辄为所困，虽极力扶起，而精神已觉衰弱"。人或因才力有限，或精力不济，不可能事事都能办好。

怎么办呢？你只要"尽吾心之良知"办事，自可问心无愧，外界的毁誉，可以不因太放在心上。他说："凡处得有善有未善，及有困顿失次之患者，皆是牵于毁誉得丧，不能实致其良知耳。若能实致其良知，然后见得平日所谓善者未必是善，所谓未善者却恐正是牵于毁誉得丧，自贼其良知者也。"所谓事情办得好与不好，那是以外界的毁誉得失为标准；内心的烦恼、压力又因毁誉得失而来，不利于守护良知。你若尽良知办事，那么平时所说的好未必是好，不好未必是不好。关键在于你要自己心中有数，不能全凭别人说好道歹而摇动心旌，也不能因一时得失而动摇信念。

王阳明的"尽吾心之良知以应之"，如同俗话所谓"按良心办事"。这是一项很高的工夫，说来简单，做来不易。为什么呢？讲良心的人遇到不讲良心的人，一般会吃亏。好比讲卫生的人遇到不讲卫生的人，谁会弄脏谁的衣服呢？答案不言自明。那么，讲卫生的人是否应该因为别人不讲卫生而放弃讲卫生的习惯呢？答案是否定的。你讲卫生，虽然偶尔会被弄脏，终究是个干净人，到了干净的环境，你也不觉得寒碜；反过来，不讲卫生的人，常弄脏别人，自己并没有因此变得干净，到哪儿都会惹来厌憎。那么到头来，真正吃亏的是谁呢？

王阳明的"致良知"，从某种意义上来说，讲究的是"心灵卫生"。身上不卫生还好办，大不了皮肤痒痒，搔几下就止住了；洗个澡就舒服了。心灵不卫生比较难办，其痒难搔，经常折磨得人彻夜难眠；想洗也不容易，还是得做"致良知"的工夫。

王阳明依从良知办事，许多事办得很好，也有不如意处。从自身得失来说，收获了很多，也有吃亏上当的时候。他是如何在毁誉得失面前保持良知的呢？

王阳明平定了山贼，建了大功一件，外界对他的好评如潮。王阳明却对学生说："我刚登堂理事时，凡有所赏罚，不敢丝毫大意和率性，生怕我做的跟平时给你们讲的不一样。处理完后，仍心有不安，跟你们在一起时，还想着赏罚是否公正，想着如何改过。直到登堂时的心情与跟你们在一起时一样自然，不用加减，这才心安理得。"他的话，表明他心里自有明镜一面，他的评价标准是自己的良知而不是他人的评价。

王阳明指挥平定宁王朱宸濠叛乱，仗打得很漂亮，他唯一遗憾的是杀人太多，"斩擒贼党三千余级，溺水死者约三万"，当胜利消息传来，他面无喜色，平静地说："此信可靠，但死伤太众。"

为了避免进一步杀戮，尽快平息事态，使当地民众恢复正常的生活，他将跟宁王交贿的大小臣僚的各类证据都一把火烧掉了。

但是，他想将浑水澄清，有人却想将水搅浑。明武宗接到宁王谋反的报告后，很想建立军功，于是自封"奉天征讨威武大将军镇国公"，跟宠将江彬、许泰，宦官张忠、张永等拟定了计划，决定御驾亲征。但是，当大军刚到良乡时，捷报传来：宁王叛乱已经平定。

明武宗听了，非但不高兴，反倒很丧气，觉得好好的一个计划，被王阳明破坏了。在身边的"马屁精"撺掇下，他竟然生出奇想：派人通知王阳明，将朱宸濠放掉，让他来御驾亲征。同时率领大军，继续向江西进发。

王阳明接此通知，又好气又好笑，但这确实不是可以笑的事，朱宸濠的党羽尚多，一旦将他释放出去，到底会发生什么事，谁都不知道；何况兵凶战危，打仗不比唱戏，开战就要死人，岂能视人命如儿戏？于是，他一面上奏进谏，吓唬明武宗：宁王早就料到陛下将御驾亲征，已沿途派遣刺客，图谋行刺，请陛下以江山社稷为重，不要继续南下。

与此同时，王阳明下令押解宁王及一众伪官，兼程前进，赶去向明武宗献俘。

王阳明还尽量劝说明武宗宠信的张永说："江西百姓久遭宸濠的毒害，又经历一场这么大的祸乱，加上遇到罕见的旱灾，生活十分困苦；为了供奉勤王军的军饷，更是雪上加霜。若有大军再度入境，哪有供奉的力量？必然逃窜山谷，聚众为乱。一旦地方糜烂，形成土崩之势。再想兴兵定乱就难了。"

张永颇有良知，默然良久，叹道："我此次前来，是为了保护皇上，不是为了争功。皇上身边宵小环顾，进言很难，倘若顺着皇上的意思，或可挽回一些；若逆意而行，只会给宵小留下攻击的把柄，无补于天下之大计。"

王阳明看出张永的诚意，于是将朱宸濠交给他，然后静观其变。

明武宗执意要放朱宸濠，再打一仗，于是派一个锦衣卫官员来找王阳明追取宸濠。王阳明不肯出迎，部下怕他惹麻烦，苦苦相劝。王阳明正色道："儿子对于父母的乱命，如果可以说话就要涕泣相劝。我不能做阿谀之人。"部下又问打发锦衣卫多少酬劳，王阳明说："只给五两银子。"锦衣卫一看钱这么少，好像打发叫花子似的，心里发怒，拒不接受。次日，锦衣卫辞行，王阳明却又拉着他的手，热情地说："我曾被关锦衣卫的监狱很久，从未见像您这样轻财重义的。昨天的薄礼只是聊表心意，您不要，令我很惶愧。我别无长处，只会作文。他日当撰文记述此事，让大家知道锦衣卫还有像您这样的义士。"那个锦衣卫被弄得哭笑不得，只好灰溜溜地走了。

王阳明所做的工作，使新的平叛战争终于没有打起来，而明武宗对王阳明也无好感，不想封其功，反倒想治其过。

大学士杨廷和忌恨王阳明的功劳，趁机顺着明武宗，想构陷王阳明。宦官张忠也进谗说："王守仁在杭州，竟敢不来南京，陛下试召之，必不来，他眼中就根本没有皇帝。"只有张永敬佩王阳明的为人，在明武宗面前尽述王阳明的忠诚，终使明武宗不忍对王阳明下手。

此时王阳明的处境很微妙，他立有大功，可能受重赏；他惹得皇上和宠臣们不高兴，也可能有大祸，他并不以一身得失为念，只是由着良知去做。张忠、许泰以清查宁王余党的名义，领大兵进驻南昌，弄得鸡飞狗跳，王阳明为免百姓受到骚扰，让城区百姓出城避难，只留下老年人看门。又亲自劳军，安抚北军，以感化他们，保持纪律。

对张忠和许泰，王阳明当然知道，如果卑躬与之结交，对前途人有好处；得罪了他们，则可能有隐祸。王阳明不管这些，每次召开会议，必定居中而坐，从不谦让。张忠、许泰心中不快，有意让王阳明出丑，他们以为王阳明只是文人，不懂武艺，于是在校场上，要求他表演射箭。王阳明不慌不忙，三箭全中，赢得了北军的阵阵喝彩。张忠、许泰见此计不成，心里更是不快。

大军在江西搅扰一番后，因确实无仗可打，明武宗只好下令班师回朝。张忠等人尚不罢休，开始积极诋毁王阳明，给他总结与宁王朱宸濠勾结的多条罪状，企图将他功臣变成罪臣。王阳明知道他们的小

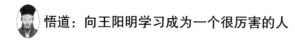

动作，却一笑置之。他们无非怕他凭功劳争夺权势，可他又何尝想争夺权势？真是"以小人之心度君子之腹"。他倒是想立即辞官，退归田园，奉养老父。

后来，明武宗迫于舆论压力，不得不封赏王阳明。王阳明淡然受之，仍是一心清净。

跟王阳明学绝学：按政治家的标准，王阳明在处理官场关系，确实不够精明，甚至还很"嫩"，明明对自己有好处的事，他认为不该做便坚决不做；明明可能惹麻烦的事，他认为该做还是坚决去做。这便是"按良心办事"，不一定能做出对自己最有利的事，却可以做一个干干净净的人。